Gerhard Clement

Platzreife

⇩

„Rabbit" zwischen
Himmel und Hölle

Copyright 2014
© G.Baumgärtner

Die Veröffentlichung ist ausschließlich
dem Autor vorbehalten,
Kopieren oder Weitergabe von Text und Bild
in jeglicher Form ist untersagt.

Herstellung und Verlag:
BoD – Books on Demand, Norderstedt
ISBN 978-3-7357-4250-6

Sagen Sie Ihrem Arzt oder Apotheker:
*„Ein Buch, nicht nur für Anfänger,
auch für Handicapper geeignet!"*

*Der Autor erklärt keine Regelfragen,
sondern beschreibt humorvoll und detailgenau
Höhen und Tiefen, mit denen „Rabbits" bei der
Platzreifeprüfung konfrontiert werden: eine*

„Achterbahnfahrt der Gefühle"

Die Erzählung soll helfen,
GOLF
*als Sport zu verstehen, der alles andere als leicht
zu erlernen ist und Zeit, vor allem aber Geduld und
sehr viel Übung braucht, bis sich nach bestandener
Platzreifeprüfung Tür und Tor zur „Faszination GOLF"
öffnen, doch*

*„vom ersten Ballkontakt bis zur Platzreife
ist ein weiter Weg,
Himmel und Hölle liegen nahe beieinander".*

„EIN SCHÖNES SPIEL"

1. Stil und Länge

Das schuhkartonähnliche Gefährt kommt langsam näher. Eine Dame mit kurzem weißen Rock, hellroten Polohemd und roten, breitrandigen Hut steigt aus dem Vehikel. Ihr Begleiter, dessen großkarierte hellgraue Hose einem Schachbrett ähnelt und farblich zum schütter vorhandenen Haar passt, das wiederum von einer großen dunkelblauen Schirmmütze bedeckt wird, reicht ihr einen Schläger aus einem runden Behälter.

Was mich etwas befremdet, ist, daß beide von einem Herrn begleitet werden, der zu Fuß unterwegs ist. Der mit kurzer neongelber Hose, beigegrünem Polohemd und Strohhut sportlich gekleidete Mann scheint allem Anschein nach das Duo zu begleiten, bzw. vervollständigt das Trio.

Aus der kurzen Entfernung kann ich auch den kleinen weißen Ball im Gras liegen sehen. Die Dame mit Stil und Hut stellt sich nun, den Schläger mit beiden Händen haltend, in leicht gebückter Pose vor den Ball.

Zuerst schwingt sie den Schläger zweimal hin und her, wartet dann einen Moment und trifft beim dritten Mal den Ball, der daraufhin wenige Meter über das Gras hüpft.
Anscheinend wurde sie von irgendetwas abgelenkt, vielleicht sogar von einem eine Etage tiefer wohnenden Maulwurf, der nach dem Wetter Ausschau halten wollte und deshalb aus seinem Loch spähte. Anders kann ich es mir nicht erklären, daß ihr Worte entfleuchen, welche üblicherweise der Fäkaliensprache zuzuordnen sind.

Nun ist ihr Begleiter an der Reihe. Auch er stellt sich in leicht gebückter Haltung vor seinen am Boden liegenden Ball, korrigiert diesen Stand zweimal, schwingt genauso oft seinen Schläger hin und her, wartet einen Moment und holt zum Schlag aus. Der Ball rührt sich nicht.

War es nur ein Übungsschlag? Ich habe nicht die geringste Ahnung. Jetzt probiert er es wieder und schlägt nach dem kleinen Ball. Dieses Mal trifft er ihn.

Der Ball fliegt hoch und landet nach geschätzt zwanzig Meter am linken Rand der kurz gemähten Grasbahn, was den Herrn dazu veranlaßt, unüberhörbar ein Wort der Gattung „Fluch" zu benutzen.

Das gleiche Spiel wiederholt sich noch zweimal bis die Herrschaften in ihrem vierrädrigen Elektro-Schuhkarton dann zu der Stelle gelangen, an welcher der Fußgänger geduldig neben seinem in der Mitte der Grasbahn liegenden Ball auf sie wartet.

Mein erster Eindruck von „Golf" ist augenblicklich etwas getrübt, doch meine Gedanken werden jäh vom nächsten Ereignis unterbrochen.

Der meiner Meinung nach nicht zu dem gestylten Paar passende Herr stellt sich nun ebenfalls in leicht gebückter Haltung vor seinen am Boden liegenden Ball. Für mein Empfinden macht er zuerst einen Probeschwung, schaut dann kurz nach vorne und holt zum Schlag aus.

Was mir sofort auffällt, ist, daß er nicht so unmenschlich auf dieses kleine runde Ding eindrischt.
Nein, seine Bewegungen sind rund, irgendwie elegant, beinahe schon als ästhetisch zu bezeichnen. Es scheint, als möchte er dem Ball helfen, möglichst weit zu fliegen.

„Fliegen", das ist das richtige Wort für das Schauspiel, das meine Augen aufmerksam verfolgen.
Die Weite einschätzen kann ich nicht, aber Petr, mein tschechischer Freund, der mich auf diese Entdeckungsreise mitgenommen hat, meint, das sind an die 140 Meter.

Petr und ich sind beide im Parkhotel in Bad Griesbach, einem 4-Sterne-Superior-Haus tätig, er als Barchef, ich als Pianist.

Vor vier Jahren hat Petr angefangen Golf zu spielen und hat inzwischen „Handicap 9", eine Zahl, die in Golferkreisen Bewunderung, Staunen und Respekt auslöst.
Bei Unterhaltungen an der Hotelbar „rund um das Thema Golf" ist mir dieses Verhalten von Gästen immer wieder aufgefallen.

Petr versucht schon seit Jahren mich von der Faszination dieses Sports zu überzeugen, was ihm bis zum heutigen Tag nicht gelungen ist. Sein Argument, Golf wäre für mich aufgrund meiner Tagesfreizeit DER ideale Sport, fiel bisher bei mir auf keinen fruchtbaren Boden.

Ich muß gestehen, diesem Sport gegenüber empfinde ich eine gewisse Skepsis, um nicht zu sagen Ablehnung, ohne dafür einen Grund zu kennen.
Die Möglichkeit, meine Meinung in Zukunft begründen zu können war ausschlaggebend, Petr´s Einladung, ihn auf den Golfplatz „Brunnwies" zu begleiten, nicht abzuschlagen.

Meinem Naturell entsprechend war ich schon immer sportlich aktiv und interessiert, Neues kennenzulernen. Bei Windstärke acht steuerte ich eine Segelyacht durch die Ägäis, habe dreizehn Jahre lang im Hängegleiter die Thermik unter Wolken für stundenlange Flüge genutzt, war Tennisspieler, fahre nach wie vor Ski und jetzt soll ich anfangen mit Golf?

Ich?
Nein.
Ganz bestimmt nicht.

Petr zieht aus seinem Behälter einen langen Schläger mit Stoffmütze heraus und gibt mir zu verstehen, daß das ein „Holz 3" ist.
Mir erscheint dieser Schläger alles andere als aus Holz zu sein, nehme es aber stillschweigend zur Kenntnis, um nicht durch unpassende Äusserungen aufzufallen.

Vor uns liegt ein kleiner See.

Meine Frage, ob er den Ball so weit schlagen kann, daß er nicht im See landet, beantwortet Petr nicht. Er hat für meine anscheinend dumme Bemerkung nur ein breites Grinsen übrig.

Dann konzentriert er sich, genauso wie der zuvor beobachtete „Fußgänger", holt aus und trifft, begleitet von einem laut metallischen Klang, den Ball.

Mit hoher Geschwindigkeit steigt der Ball in den Himmel, kaum daß ich ihn verfolgen kann. Nahe bei der 240-Metermarkierung endet sein Flug auf der kurzgemähten Grasbahn.

Von Petr´s Abschlag bin ich stark beeindruckt, weshalb ich glaube mit dem Lob „Super, Klasse, so weit und mitten auf die Wiese" die passenden Worte gefunden zu haben.

„Das heißt Fairway und nicht Wiese", korrigiert er mich und wieder überzieht ein breites Grinsen sein Gesicht.
Ich nehme mir vor, ab sofort nichts mehr zu sagen und zwar bis zum Schluß dieser Runde.

Die Dame mit Hut und ihre zwei Begleiter lasse ich nicht aus den Augen.

Es wiederholt sich immer wieder das gleiche Spiel. Aus dem Elektrowagen aussteigen, Position einnehmen, schlagen, einsteigen, zwanzig bis dreißig Meter weit fahren, aussteigen, Position einnehmen, schlagen, einsteigen und das gleiche wieder von vorne.
Und Herr Nummer drei, der Fußgänger: einmal schlagen, ganz lange auf die Mitspieler warten, dann wieder einmal schlagen und wieder ganz lange auf die zwei warten.

Nein, das kann es nicht sein.

Bei der Vorstellung, in der Haut des Golfers zu stecken, der nicht „elektrisch angetrieben" unterwegs ist, sträuben sich mir die wenig vorhandenen Nackenhaare.

Das soll Sport sein?
Nicht in meinen Augen.
Lächerlich.

Golf?

Viel zu langweilig.
No Fun.
No Action.

Fasziniert, begeistert?
Nicht im geringsten.

Ich soll damit anfangen?
Mit Sicherheit nicht.

Sport für die oberen Zehntausend?
Ja.
Aber nicht für mich!

Sport für „Rothüte und Schachbretthosen"?
Ja.
Aber nicht für mich!

Ein faszinierender Sport?
Das begreife ich nie.
Bestimmt nicht für mich!

Und wenn es der Rest der Welt tut.
Ich nicht!

Aus. Amen. Basta.

2. Das Wunder von Bad Griesbach

Als Vertreter des Sternzeichens Schütze liebe ich die Abwechslung und habe meine Prinzipien, die ich stets befolge. Wenn ich einmal nein sage heißt das nein und zwar für alle Zeiten.

Seit Jahren unterhalte ich am Abend die Gäste an der Hotelbar am Klavier, liebe meinen Beruf, freue mich über meine Gesundheit, träume hin und wieder vom „6-er" im Lotto und einem roten Ferrari in der Garage, vermisse aber nichts und bin mit der Welt und mir zufrieden.

Petr versucht Ende März zum wiederholten Mal in mir die Lust zu wecken, mit Golf anzufangen. Seine Überredungsversuche bleiben erfolglos, zu gut kann ich mich noch an den Tag auf dem Golfplatz Brunnwies im vergangenen Jahr erinnern.
Dankend lehne ich ab.

Der April zeigt sich in diesem Jahr von seiner sonnigen Seite. Petr spielt fast jeden Tag Golf. Inzwischen weiß ich, daß es in Bad Griesbach drei 18-Lochplätze, drei 9-Lochplätze, Driving Range, Putting-Greens und viele Wahnsinnige gibt, die diesem Sport frönen.

Ich gehöre nicht dazu.

Im Mai erreichen manche Tage schon sommerliche Temperaturen. Petr versucht weiterhin, mir Golf schmackhaft zu machen. Seine Worte gehen wirkungslos an mir vorüber, in meinem Gedächtnis ist der Tag „Brunnwies" noch gespeichert.

Es bleibt beim „nein".
Punkt.

Bei meiner wöchentlichen Fahrt von München nach Bad Griesbach begleitet mich leise Musik aus dem Autoradio.
Zufällig höre ich auf dem lokalen Sender, daß in Bad Griesbach der Spatenstich für einen neuen Golfplatz erfolgt ist, den der bekannte Golfspieler Bernhard Langer entworfen hat und nach „Franz Beckenbauer" benannt werden soll.

Als Fußballbegeisterter kennt man natürlich „Kaiser Franz". Daß er, wie viele andere bekannte Sportler, Schauspieler, Künstler, Politiker auch Golf spielt, das wußte ich nicht.

Mir schießen die unmöglichsten Gedanken durch den Kopf.

Es können sich doch nicht so viele irren.
Oder?

Und wenn ich es mir richtig überlege?
Ich arbeite das ganze Jahr in einem der bekanntesten Golfzentren Deutschlands, wohne in einem traumhaft schönen Hotel, habe den ganzen Tag frei, sitze stundenlang vor dem Computer (mit der dazu passenden blassen Gesichtsfarbe) und es gibt so viele, die nach Bad Griesbach pilgern, nur um Golf zu spielen.

Ja bin ich denn noch zu retten?

Mein Entschluß nimmt immer konkretere Formen an.

Ich fange an mit Golf.

Heute abend werde ich Petr fragen, ob er mich auf die Driving Range begleitet.

„Lieber Himmel", denke ich, was passiert mit mir?
Ich wollte doch nie … und jetzt plötzlich doch.
Wo sind meine Prinzipien?
Das wäre das erstemal in meinem Leben, daß ich ...

Kaum im Hotel angekommen, setze ich mein Vorhaben in die Tat um.
Petr ist ganz erstaunt über meinen plötzlichen Gesinnungswandel, den er als alleinigen Erfolg seiner Überredungskünste verbucht und mit tschechischem Akzent und rollendem „**L**" bekräftigt: „ich sage dir schon so-**L**-ange, du so-**LL**-st anfangen mit Go-**L**-f. Ist aber kein Prob-**L**-em, für Go-**L**-f ist es nie zu spät."

„Wir treffen uns morgen 11.00 Uhr.
Auf der Driving Range!"

3. Driving Range und Schuhe

Mit einem im Golfshop ausgeliehenen Eisen 7 habe ich kein gutes Gefühl. Ich empfinde diesen Fremdkörper in meinen Händen als viel zu lang, den Schlägergriff zu dick und bringe es kaum fertig, die Finger an der mit Pfeilen markierten Griffkennzeichnung zu positionieren.
Doch mein eiserner Wille treibt mich an, dieses fremde Etwas zu akzeptieren und die für mich ungewohnten Bewegungen in Kauf zu nehmen.

Petr erklärt mir wie das Eisen gehalten wird, die Füße auszurichten sind, daß ich den Oberkörper leicht nach vorne beugen und den Schläger nicht wie eine Mistgabel halten soll (obwohl ich nie in der Landwirtschaft tätig war), der Schwung mit dem Rückschwung eingeleitet wird, dabei der Oberkörper und zwar NUR der Oberkörper gedreht werden darf und ich während des gesamten Ablaufes auf den Ball schauen muß.

Wie war das?
Augen auf das Eisen, Schwung mit der Mistgabel, Oberkörper auf den Boden, beim Rückschwung drehen, Schläger beugen?
Gehöre ich zur Gattung „Depp"?
Im Moment bin ich mir nicht mehr ganz sicher.

Den vor mir am Boden liegenden Ball fixierend hole ich aus und schlage zu.

Treffer.
Das Eisen steckt im Boden.
Ein ganzes Stück vor dem Ball.

Mein erster Schlag.
Ein Volltreffer für meine Seele.

Hat mir vielleicht jemand zugeschaut?

Meine Gedanken drehen sich nur noch um die Blamage!
Ich schaue mich um, wer sich an meiner Aktion belustigt und stelle zu meinem Erstaunen fest: niemand!

Ganz im Gegenteil, keiner der neben mir übenden Golfer nimmt Notiz von mir, sie sind mit sich selbst beschäftigt.

„Um so besser" denke ich und spiele weiter.

Wobei das Wort „spielen" sehr weit hergeholt ist für das, was ich dem Ball zumute.
„Hacken" wäre die treffendere Bezeichnung für meine Aktionen, die ich unter Petr´s kritischen, meist schmunzelnden Augen veranstalte. Das Vergewaltigen von Ball und Boden hat nicht im entferntesten etwas mit Golf zu tun.

Petr`s Anweisungen und Korrekturen versuche ich so gut es geht umzusetzen, meistens aber mit wenig Erfolg. Die Bälle laufen und springen in der Gegend herum wie es ihnen gefällt.

Manchmal hat Göttin Fortuna Erbarmen mit mir, dann fliegen die Bälle bis zur 50-Meter-Markierung und ich freue mich riesig über diese ersten, für mein Empfinden extrem weiten Schläge.

Nach gut zwei Stunden habe ich Blasen an den Fingern, ein Zustand, der Petr´s wachsamen Augen nicht entgeht und er deshalb diesen ersten Übungstag mit dem Satz „für heute ist erstmal-**L**- genug, war gar nicht so sch-**L**-echt" beendet.

Trotz Muskelkater und schmerzenden Fingern bin ich „happy", weil mir das Üben großen Spaß gemacht hat.
Nicht die Zufallstreffer, sondern die netten Leute, die keine Notiz von mir nehmen und die Erkenntnis, daß frische Luft, Sonne und die ungewohnt körperliche Anstrengung meinem Wohlbefinden ganz gut tun, sind die Gründe dafür.

Und (!) ich bin um eine Erfahrung reicher:
Golf ist nicht so einfach wie ich geglaubt habe. Daß das Treffen des Balles so schwierig ist, hätte ich mir nie träumen lassen.

Vielleicht wäre es doch besser gewesen meinen Prinzipien treu zu bleiben und erst gar nicht mit Golf anzufangen?
Auf dem Weg zum Golfshop, wo die Leihschläger zurückzugeben sind, beschäftigt mich dieser Gedanke.

Aber dann denke ich auch wieder daran:
An den älteren Herrn auf der Driving Range neben mir. Locker hat er die Bälle bis zur 160-Metermarkierunge geschlagen. Und die jüngere vollschlanke Frau, es hat so leicht ausgesehen, ihre Bälle sind meistens bei der 120-Metermarkierung gelandet.

Und der bestimmt fast zwei Meter große Mitvierziger.
Ja der, ... dem ging es genauso wie mir.
Bodentreffer, Grasbüschelentferner, Kraftschläger, Golf-Verflucher, Zehn-Meter-auf-dem-Boden-rollender-Ball-Weitenjäger.

Ich erinnere mich an Petr´s Worte:
„Dem Ba-**LL**- ist es vö-**LL**-ig ega-**L**- ob du groß oder k-**L**-ein, Männ-**L**-ein oder Weib-**L**-ein, a-**L**-t oder jung bist. Wenn der Bewegungsab-**L**-auf nicht stimmt, dann f-**L**-iegt er auch nicht. Doch wenn der Schwung stimmt, dann f-**L**-iegt er!"

Petr hatte recht mit seiner Bemerkung „zum Gol-**L**-fen brauchst du keine Kraft, die Technik, der Schwung muß stimmen."

Das ist der Punkt!

Der Herr und die Frau neben mir, so unterschiedlich beide von Statur und Kraft auch waren, sie hatten den Bewegungsablauf, die Schwungtechnik „intus".

Dabei fällt mir Petr´s Antwort wieder ein als ich ihn fragte, wie lange die beiden wohl schon Golf spielen: „Bestimmt schon einige Jahre!"

Ich kann mich noch gut an die Zeit erinnern, in der ich eine Drachenflugschule geleitet habe. Die Schüler waren am ersten Tag auch nicht in der Lage vom Boden abzuheben, geschweige ein paar Meter weit zu fliegen.
Am Anfang habe ich ihnen gezeigt, wie die Nase des Gleiters in den Wind gehalten werden muß, dann folgten die ersten Laufversuche auf der flachen Wiese und erst am zweiten Tag gelangen ihnen die ersten Hüpfer und kurzen Flüge. Und heute, nach Jahren nehmen einige meiner damaligen Schüler erfolgreich an Meisterschaften teil.

Bei Golf ist es nicht anders.
Ein Sport, der viel Übung, Konzentration und Durchhaltevermögen verlangt. Und das liegt mir doch, ich kenne meine Stärken.

Nicht den Kopf hängen lassen, nein, im Gegenteil.
Jetzt erst recht.

Das, was der ältere Herr und die junge Frau neben mir auf der Driving Range konnten, das schaffe ich auch. Zwar nicht heute, auch nicht morgen, aber irgendwann kann ich das auch.
Ganz sicher sogar.

Mein Selbstvertrauen gewinnt an Boden und meine Gedanken sind wieder klar geordnet. Mir ist bewußt, daß es vielen Anfängern wahrscheinlich genauso geht und bin mir sicher, daß alle, die mit Golf einmal angefangen haben, „ein Lied davon singen können".

Beim Betreten des Golfshops bin ich in bester Stimmung, weil ich vorhabe, weiße Golfschuhe mit schwarzen Streifen zu kaufen. Das habe ich bei anderen gesehen und hat mir gut gefallen.
Mit Turnschuhen, … das passt nicht.

Die Preise der ausgestellten Schuhe dämpfen meine Euphorie, unter 120,00 Euro gibt es so gut wie nichts.
Doch dann, ... wie gebannt schaue ich auf ein Paar Golfschuhe, Größe 40, braun.

Der Preis? Sonderangebot!
Auslaufmodell, 50,00 Euro!

Genau die richtigen für mich.
Braun? Nun gut, weiß mit schwarzen Streifen wäre mir lieber, aber einem fast "geschenkten Gaul schaut man nicht ins Maul".

Her damit!

Ich habe Golfschuhe.
Ich bin Golfer.

4. Im Golfshop und die Folgen

Am nächsten Tag zieht es mich wieder wie magisch in den Golfshop. Mein Interesse gilt diesmal den ausgestellten Schlägern und speziell den Preisen.

Angeboten werden gebrauchte Schlägersätze für 125,00 Euro (4-9 inkl. PW) und neue Schlägersätze ab 390,00 Euro (3-9 inkl. SW) welche sogar vom hausinternen Golf-Pro auf Maß angefertigt werden. Es gibt sie mit Graphit- oder Stahlschaft und es gibt welche, die weit mehr als 1.000,00 Euro kosten.

Interessant zu lesen, denn ich weiß inzwischen, daß mit 3-9 die Eisen gemeint sind, aber was bedeutet SW und PW?

Den erstbesten Verkäufer der mir über den Weg läuft frage ich, was „PW" und „SW" bedeutet.
Er klärt mich auf, daß damit Pitching Wedge und Sand Wedge gemeint sind, zwei Eisen, die aufgrund ihrer Schlagflächenneigung eine besonders hohe Flugkurve ermöglichen.
Dabei werde ich das Gefühl nicht los, daß seine Auskunft von einem „gewissen Lächeln" begleitet wird.

Wie auch immer, ich erzähle ihm, daß ich mit dem Golfspielen anfangen will und beabsichtige, einen kompletten Schlägersatz zu kaufen, vorher aber für mich wichtige Fragen beantwortet haben möchte und voraussetze, fachlich gut beraten zu werden.

Der Verkäufer, der, wie ich jetzt erst bemerke, noch mit einem anderen Kunden beschäftigt ist, erkundigt sich bei seinen Kollegen, wer denn Zeit für mich hätte.

Irgendjemand ruft: „Peter".

Für die freundliche Auskunft, daß sich sein Kollege gleich um mich kümmern wird und die Empfehlung, mich solange im Shop umzusehen, bedanke ich mich und starte voller Neugier zu einem Rundgang, um einen ersten Eindruck vom Golfequipment zu gewinnen.

Es dauert nicht lange bis mich Peter, ein junger Mann im typischen Griesbacher Pro-Outfit „rote Hose, weißes Hemd, blauer Pulli" mit einem freundlichen „Hallo" begrüßt.
Er wirkt auf mich äußerst sympathisch und ich nehme ihn sofort in Beschlag mit der Bemerkung, daß ich als Golfanfänger eine Erstausrüstung kaufen will und deshalb auf eine fachlich kompetente Beratung angewiesen bin.
Es sollten Schläger sein, die für meine Größe geeignet, fehlerverzeihend und vor allem nicht teuer sind.

Letzter Punkt erscheint mir äußerst wichtig, hatte ich doch zuvor festgestellt, daß einige der im Verkaufsraum ausgestellten Schläger preislich mein Budget bei weitem übersteigen würde.

Mit der Bemerkung „da haben wir bestimmt was für Sie" bittet mich Peter, ihm in die Schlägerabteilung zu folgen.
Von den ausgestellten Modellen empfiehlt er mir einen Schlägersatz mit Kunststoffschaft, bestehend aus Eisen 3-9 inklusive Sand- und Pitching Wedge. Dieser Satz wird vom hauseigenen Golf-Pro speziell auf meine Größe abgestimmt angefertigt und ist zum Preis von 390,00 Euro ein sehr gutes Angebot.

Seine Aussage, mit dieser Ausrüstung könnte ich bestimmt die ersten Jahre meiner Golfkarriere bestreiten, überzeugt mich zum Kauf, obwohl ich vorhatte, weniger Geld auszugeben.
Das einzige Manko, die Schläger erst nächste Woche abholen zu können, weil sie speziell für mich angefertigt werden, nehme ich in Kauf, da es ohnehin noch ein Problem gibt, nämlich:
Wohin mit den neuen Schlägern?
Ich habe noch keinen Behälter, in Golfersprache „Bag" genannt.

Abends informiere ich Petr über meinen Kauf und daß mir jetzt nur noch ein Bag fehlt. Voller Freude nehme ich Petr´s Auskunft „habe ma-**L**- bei einem Turnier a-**L**-s Siegerpreis einen Bag gewonnen, der ist neu, den kannst du haben" zur Kenntnis.

Schon war´s passiert.

Am nächsten Tag wechselt ein Bag der Fa. „Z" für achtzig Euro seinen Besitzer.

Die Tage bis zur Lieferung der neuen Schläger vergehen wie im Flug. Auf der Driving Range bin ich Stammgast. Mit Leihschlägern vom Golfshop versuche ich die Trefferquote meiner Ballberührungen zu steigern, was ab und zu auch gelingt.

In regelmäßigen Abständen ärgere und freue ich mich, bin von manchen Schlägen selbst überrascht und begeistert und wünsche mir dafür beim nächsten Schlag am liebsten in den Boden zu versinken.
Dann schaue ich mich um, ob mir jemand bei meinen grandiosen „Rasenmäh- und Ausgrabungsarbeiten" zuschaut.

Manchmal, wenn mir ein weiter Schlag gelingt, erstarre ich während der Ballflugphase in der typischen Golferhaltung:
mit abgewinkelten Armen und dem Schläger hinter der linken Schulter bewege ich mich erst wieder, wenn der Ball seine Halteposition erreicht hat.

Und ohne daß ich imstande bin mich dagegen zu wehren, entwickelt sich in meinem tiefsten Innern etwas, was ich bis zu diesem Zeitpunkt weder kannte noch jemals empfunden hatte.

Etwas absolut Neues!

Unbekanntes!

Fremdes!

Etwas, das mich nicht mehr loslassen sollte.

Eine Sucht.

5. Eisen und Trainer

Voller Freude nehme ich meine neuen Eisen in Empfang.
Eisen drei bis neun, Sand Wedge und Pitching Wedge.
Glänzend und ohne Kratzer.

Mein erster Weg führt mich auf die Driving Range zur Abschlaghütte dreizehn. In den vergangenen Tagen hatte ich mir angewöhnt, immer in dieser letzten Abschlaghütte meine Treffer bzw. Bodenberührungen zu absolvieren, weil ich dort wochentags oft ganz allein war.

Die Ballmaschine füttere ich mit Euros, der Automat rasselt laut vor sich hin und sechzig Bälle verlassen im Eiltempo die Maschinerie.
Der freudige Gesichtsausdruck wegen meiner neuen Schläger verfliegt schlagartig, weil ich vergesse, einen Fangkorb für die Bälle unter die Ballmaschine zu stellen.

Nach dem mühsamen Einsammeln der sechzig kreuz und quer am Boden verteilten Bälle erspare ich mir die Aufwärmübungen für diesen Tag.

Als erstes probiere ich das Pitching Wedge, ein Eisen, das Bodenberührungen wegen seiner Form am ehesten verzeiht. Damit komme ich einigermaßen zurecht.
Auch alle anderen Eisen probiere ich aus, manchmal mit gutem, meistens aber mit wenig Erfolg. Es ist mir bewußt, daß die Ursache dafür am Bewegungsablauf, meinem Schwung liegt.

Selbsterkenntnis ist der erste Weg zur Besserung.

Am Abend teile ich Petr, den ich inzwischen zu meinem alleinigen Ansprechpartner in Sachen Golf auserkoren habe, mit, daß ich die neuen Schläger ausprobiert habe, sich aber an der nach wie vor schlechten Trefferquote nichts geändert hat.

Er empfiehlt mir, einen Golflehrer zur Verbesserung meines mit hundertprozentiger Sicherheit in keinem Lehrbuch aufgeführten Schwunges zu nehmen.

Gesagt, getan.

Am nächsten Tag buche ich eine Trainerstunde bei Petr Nemec, dem mir von Petr empfohlenen Golf-Pro in Uttlau, der, wie ich später erfahren habe, auch tschechischer Nationaltrainer ist.

Es scheint, als würden mich ausschließlich „Petrs" und „Peters" auf meiner Golflaufbahn begleiten.
Zuerst Petr Vachta, Freund und Initiator meiner „Golfkarriere", dann Peter Schiffer, Golf-Pro-Azubi und Verkäufer im Golfshop und jetzt Petr Nemec, der Golflehrer in Uttlau.

Petr hin, Peter her.

Ich will nur noch eins.

Golf spielen.

Ich bin es leid, in der letzten Abschlaghütte meine Zufallstreffer zu zählen und den Driving Range-Übungsrekord will ich auch nicht neu aufstellen.

Jetzt will ich es wissen!

Ich will richtig Golf spielen lernen!

6. Anfang und Fehler

„17.30 Uhr - Trainerstunde mit Petr Nemec", so lautet der Eintrag für Donnerstag, 01. Juni 2000 in meinem Terminkalender.

Gegen 16.00 Uhr bin ich auf dem Golfplatz in Uttlau und übe noch eine halbe Stunde das Putten auf dem Übungs-Grün, es geht einigermaßen gut. Um die Zeit bis zum Beginn der Trainerstunde zu überbrücken setze ich mich anschließend auf eine Bank in der Nähe der Driving Range. Von hier hat man freien Blick auf Spielbahn Nummer 10 und den Abschlag.

Ein Herr, geschätzt Mitte dreißig, korpulent, wartet in der Nähe des Abschlags. Es dauert nicht lange, dann kommen noch drei Herren dazu, die auf ihrer Golfrunde die ersten neun Löcher schon „hinter sich haben". Der wartende Herr stellt sich ihnen vor: „Ich heiße Manfred und habe Handicap 39."

Mein Interesse am weiteren Geschehen ist geweckt.

Nacheinander stellen sich nun die drei, wie es scheint in bester Laune befindlichen Herren vor. „Hans-18", „Georg-25" und „Rainer-28".
„Manfred-39" ist allem Anschein nach von den Handicaps der Herren sehr beeindruckt. Sein Gesichtsausdruck wirkt sehr verunsichert als er sie um Nachsicht bittet, falls er als Anfänger ihr Spiel aufhalten sollte.
Die drei beruhigen ihn: „Wir haben Zeit, es geht um nichts."

Als erster geht nun Hans zum Abschlag. Es ist der Herr, der sich mit Handicap 18 vorstellte. Ich schätze ihn Anfang sechzig, sportlich, schlank, braungebrannt und nehme an, daß die anderen drei Mitspieler ihm als dem Ältesten der Runde den Vortritt lassen.

Er steckt ein kleines Holzstückchen, in Golfersprache „Tee" gegenannt, in den Boden, setzt einen Ball darauf, wirkt jetzt voll konzentriert, schaut kurz nach vorne in Richtung der Spielbahn, holt aus zum Schwung und trifft, begleitet von einem hart metallisch klingenden Ton den Ball.

Kaum daß es mir gelingt, den hohen und weiten Flug zu verfolgen, am Ende bleibt der Ball hinter der 200-Metermarkierung mitten auf dem Fairway liegen.

Ich bin beeindruckt.

Dann sind „Georg-25" und „Rainer-28" an der Reihe. Auch von ihren Abschlägen bin ich beeindruckt, wobei, die von „Hans-18" vorgelegte Weite erreichen sie nicht.
Georg´s Ball liegt am rechten, Rainer´s Ball am linken Rand des Fairways, jeweils nahe der 160-Metermarkierung.
Alle drei scheinen mit Ihren Abschlägen zufrieden zu sein, die Freude am Spiel ist ihnen anzusehen.

Jetzt geht „Manfred-39" zum Abschlag.
Er setzt wie die drei vor ihm einen Ball auf das Tee und probiert die richtige Ansprechhaltung zu finden, was ihm erst nach mehreren Anläufen zu gelingen scheint. Er schaut nach vorne zum Teich und macht dann einen Probeschwung. Von dem ist er anscheinend nicht überzeugt, weil er ein weiteres Mal seine Ansprechhaltung ändert. Nun holt er aus und ... schlägt zu.

PENG!
Laut krachend schlägt sein Ball in eine zirka fünfzig Meter links vom Abschlag entfernt stehende Holzhütte ein.

„Kruzifix", ist das Wort, das seine drei Mitspieler und ich zu hören bekommen. Die Wut wegen des mißglückten Abschlags ist ihm deutlich anzusehen.

„Rainer-28" schaltet sich ein: „Nicht ärgern, das kann passieren, es geht um nichts, spiel einfach einen neuen Ball."

„Manfred-39" tun die beruhigenden Worte sichtlich gut.
Er holt einen neuen Ball aus der Hosentasche, setzt ihn auf das Tee, konzentriert sich wieder, holt aus zum Schwung und trifft den Ball.

Nicht besonders gut.
Topp.

Der Ball rollt über den Damenabschlag und bleibt knapp fünf Meter vor dem Teich liegen.

Diesmal kann sich „Manfred-39" beherrschen. Kein Fluchen ist zu hören, obwohl sein Gesicht die pure Verzweiflung zeigt.

Seine drei Mitspieler ermuntern ihn erneut mit Worten wie „das sei ganz normal, aller Anfang ist schwer, das macht jeder mal mit, es geht um nichts."

Der Gedanke, daß ich als Anfänger vielleicht auch einmal eine ähnliche Situation „erleben" werde, vertreibt meine gute Stimmung. Ich fühle mich nicht besonders wohl in meiner Haut.

Mit gemischten Gefühlen verlasse ich das Szenario und gehe zur Abschlaghütte.
Dort angekommen begrüßt mich Golf-Pro Petr Nemec freundlich. Er wirkt sehr gelassen, genau richtig für mich in meiner augenblicklichen Verfassung.

Ich erkläre ihm, daß ich als Anfänger und aufgrund meiner Trefferquote dringend die Hilfe eines Lehrers benötige, um mir nicht einen falschen Schwung anzugewöhnen.

Dann zeige ich ihm den aktuellen Stand meines „Könnens".

Nach fünf „Vorführungen" unterbricht er mich und klärt mich auf, was in meinem Bewegungsablauf und der Haltung -vornehm ausgedrückt- nicht stimmt:

1. Fingerstellung: ich verhake den kleinen Finger der rechten Hand mit dem Mittelfinger der linken Hand.

2. Den Schläger halte ich mit soviel Kraft, daß am Oberarm die Adern hervortreten.

3. Beim Rückschwung bewege ich den Oberkörper so gut wie gar nicht.

4. Bei jedem Schlag knicke ich mit den Knien ein.

7. Lesung im Bunker und Entscheidung

In den folgenden Tagen versuche ich als Stammgast auf der Driving Range die von Petr Nemec gesichteten Fehler abzustellen.
Mein Fleiß wird durch eine höhere Trefferquote belohnt.

Ab sofort übe ich auch das kurze Spiel.

Mein Freund Petr zeigt mir, worauf ich beim Pitchen und Chippen achten muß und tatsächlich, ganz langsam wird mein Spiel etwas besser.

Mir graut nur von einem:
Bunkerschläge!
Für mich ein Horror.

Aus dem Buch „Universal Golf Learning System" kopiere ich die Seiten der Anleitung für den Bunkerschlag. Die Anleitung lese ich dann an Ort und Stelle, also im (!) Bunker durch.
Die meist verwunderlichen Blicke anderer Golfer wegen meiner „Lesungen" im Bunker nehme ich zur Kenntnis, ignoriere aber deren Erstaunen.

In meiner momentanen Situation weiß ich oft nicht mehr ob das Körpergewicht zu 60% auf den linken Fuß verlagert werden muß oder die linke Schulter in Richtung Fahne zeigen soll, der rechte Fuß bei abfallendem Gelände leicht nach rechts zu öffnen ist oder der Ball bei Bergaufhanglage mehr links vom Fuß getroffen werden muß. Oder ist es umgekehrt?

Es gibt so viele Möglichkeiten beim Golf.
Im Moment kann ich mir das alles nicht merken, bin damit total überfordert und bewundere und beneide all jene, die das ohne nachzudenken richtig machen.

Und bis ich es kann, lese ich halt an Ort und Stelle nach wie es geht.

Ganz einfach, oder?

Unter Petr´s Anleitung übe ich auch auf der „Hackerwiese". Ab und zu gelingt mir ein Abschlag, mit dem kurzen Spiel habe ich Probleme.
Bei der Gelegenheit kommen wir am Abschlag von Loch 4 auf dem Platz „Engled" vorbei.

Auf diesem 9-Loch-Par-30-Kurs, so klärt mich Petr auf, wird die Platzreifeprüfung abgenommen. Es sind sechs Par-3 und drei Par-4 Löcher zu absolvieren. Voraussetzung für das Bestehen der Prüfung sind maximal 50 Schläge für die neun Löcher.

Mein Kopf wird augenblicklich zur Rechenmaschine.
50 Schläge?
Das wären zum Beispiel:
6 Löcher anstatt 3 Schläge 5 Schläge, also 2 mehr, macht 30!
2 Löcher anstatt 4 Schläge 7 Schläge, also 3 mehr, macht 14!
1 Loch anstatt   4 Schläge 6 Schläge, also 2 mehr, macht   6!

Zahlen hin, Zahlen her, der Gedanke läßt mich nicht mehr los: „ich probier´s, warum nicht"?

In den vergangenen Wochen habe ich doch viel geübt. Dabei ist mir nicht entgangen, wie andere Golfanfänger mit strahlenden Augen von der bestandenen Platzreifeprüfung zurückkamen. Einige davon trainierten noch vor wenigen Tagen neben mir auf der Driving Range und hatten mit ihrem Schwung auch so ihre Probleme.

Petr kann anscheinend meine Gedanken lesen als er sagt „probier P-L-atzreife, wenn nicht k-L-appt, ist ega-L-, dann hast du ha-L-t eine Trainerstunde genommen!"

Recht hat er.
Ich habe nichts zu verlieren.

Sollte ich bestehen, hätte ich mein erstes Ziel erreicht. Und falls nicht, habe ich die Möglichkeit genutzt, den Platz kennenzulernen, auf dem die Prüfung stattfindet.

Also, was soll´s, ich probier´s!

8. PE, die Erste - Loch 1

Um meinen Plan umzusetzen besuche ich Peter, den Verkäufer im Golfshop und frage ihn, ob er als Golf-Pro-Azubi mich beim Platzreifeversuch begleiten mag.
Seiner anzusehenden Verwunderung wegen meines Vorhabens begegne ich sofort mit den Worten „es ist nur ein Versuch, ich werde es sowieso nicht schaffen, aber ich möchte ganz gerne den Platz kennenlernen auf dem die Prüfung stattfindet".

Er sagt mir für nächsten Donnerstag 18.00 Uhr zu.

Während der nächsten Tage füttere ich die Ballmaschinen auf der Driving Range mit vielen Münzen, versuche meine Schläge einigermaßen in den Griff zu bekommen und werde von Tag zu Tag nervöser.

Ich kann mich nicht erinnern, schon einmal so aufgeregt gewesen zu sein wie an diesem Donnerstagmorgen. Obwohl ich mir immer wieder einzureden versuche, daß es Wichtigeres gibt als heute die Platzreife zu schaffen, je weiter der Tag fortschreitet, um so kribbeliger werde ich.

Es ist zum Verzweifeln.

Ich bin Dauergast auf der Toillette.
Meine Nerven spielen verrückt.

18.00 Uhr.
Gutgelaunt erwartet mich Peter vor dem Golfodrom, gemeinsam gehen wir zum ersten Abschlag auf den Platz „Engled".

Mir zittern die Knie.

Peter entgeht nicht, daß ich aufgeregt bin. Er fragt mich, wie ich mich so fühle, worauf ich ihm von meinen diversen Toillettenbesuchen und undefinierbaren Kniebewegungen berichte. Er versucht mich mit den Worten „das geht vielen so" zu beruhigen.

Es gelingt ihm nicht.

18.10 Uhr.
Es ist soweit.
Loch 1, 143 Meter, Par 3.

Für den Abschlag wähle ich Eisen 7, mit dem komme ich am besten zurecht.
Ich lege den Ball auf das Tee.

Liegt der Ball zu tief oder zu hoch?
Was ist, wenn ich ihn jetzt nicht richtig treffe?

Ich bin außerstande meine Gedanken zu kontrollieren.

Ist das der Sport, den ich wirklich will?

Ein älteres Paar, das sich lautstark unterhält, nähert sich dem Abschlag.

„Ich kann mich nicht konzentrieren, wenn die so laut reden" sage ich zu Peter.
Seine Antwort, daß die beiden hinter uns spielen und bestimmt gleich still sein werden, stimmt mich nicht ruhiger.

„Lieber Himmel" denke ich, „warum habe ich nur mit Golf angefangen"?
Ich bin aufgeregt, mir zittern die Knie und alles nur wegen diesem kleinen weißen runden Ungeheuer, das da ganz entspannt vor mir auf dem Tee sitzt.

18.12 Uhr.
Von den beiden hinter uns hört man nichts mehr.

Mein Puls ist schnell, ich versuche mich zu konzentrieren.
Der Ball liegt regungslos vor mir und wartet darauf, getroffen zu werden.

Ich fixiere ihn und probiere noch einmal die optimale Ansprechhaltung zu finden.

Gut, der Stand scheint zu stimmen.

Wie war das nochmal mit dem Schwung?

Rückschwung, Abschwung, Durchschwung, Ausholbewegung kontrolliert durchführen, ohne Kraft schlagen, das Gewicht des Schlägers spüren, nur den Oberkörper drehen, den linken Arm nicht ganz durchstrecken, das rechte Knie nur leicht, das linke Knie dafür etwas mehr drehen, Beugung der Knie während des ganzen Schwunges nicht verändern, den Schlägergriff locker und die Handgelenke stabil halten, den Ball fixieren, zuerst eine gedachte Linie spielen, durchschwingen!

Ich bin fix und fertig.

Mein Eisen leitet ganz von selbst, wie von Geisterhand geführt, den Rückschwung ein.
Konzentration hin, Konzentration her, ich weiß überhaupt nichts mehr. Also, vielleicht habe ich Glück?

Ich treffe den Ball.
Er fliegt. Nach rechts.
Über die weiß markierten Pfähle.

Ins AUS!

Meine Stimmung ist nicht zu beschreiben, ich würde am liebsten laut herausschreien.
Peter gibt mir zu verstehen, daß das einen Strafschlag bedeutet, ich einen neuen Ball spielen soll, der als dritter Schlag zählt und falls wir Glück haben, den Ball später finden werden.

18.14 Uhr.
Ich setze einen neuen Ball auf das Tee und versuche erneut, mich zu konzentrieren, was nicht gelingt.
Ohne noch lange zu überlegen wie das Eisen gehalten oder der Schwung ausgeführt werden muß, hole ich aus zum Schlag.

Treffer.
Zu seicht.

Topp!

Zu behaupten „er fliegt" wäre maßlos übertrieben, er hüpft und springt und rollt ungefähr fünfzig Meter weit in Richtung Grün.

„Nichts verdorben" denke ich.

Theoretisch und mit viel Glück könnte ich es schaffen, den Ball mit zwei weiteren Schlägen ins Loch zu spielen. Das wären fünf Schläge für das Par-3-Loch, also innerhalb der Vorgabe für die Platzreife". Der Gedanke beschäftigt mich.

Wir suchen beide nach dem verlorenen Ball im AUS, können ihn aber nicht finden.

18.20 Uhr.
Der Ball liegt auf dem Fairway.
Eisen 8 müßte jetzt genügen.

Ansprechposition.
Meine Griffhaltung vermittelt mir ein gutes Gefühl.
Vielleicht gelingt es mir noch?

Schlag Nummer 4.
Ich treffe den Ball.
Er fliegt.
Richtung Grün.

Fast geschafft.

Ungefähr acht Meter vor dem Loch bleibt er auf dem Vorgrün liegen. Ich bin etwas ruhiger, stecke das Eisen in den Bag und gehe mit Peter zum Ball.
Im Gegensatz zu mir ist er ganz entspannt. Kein Wunder, hat er sich als Prüfer auch nur zu Regelfragen zu äußern.

In dieser Situation bin ich mir ganz sicher, wie der Ball gespielt werden muß. Eisen 7 und Pendelschwung, nur Oberarme und Oberkörper bewegen, das erste Drittel bis zum Grün als Flugball spielen, den Rest mit Rollen überwinden.

Das habe ich geübt.

Schlag Nummer 5.

Mit dem Wissen, daß es schier unmöglich ist, mit einem Schlag einzulochen, nehme ich mir vor, es trotzdem zu versuchen.
Diesmal bin ich ganz ruhig.

Ich fixiere das Loch.
Dabei fällt mir ein, daß ich beim ersten Abschlag nicht zum Loch geschaut habe. War das vielleicht der Grund für den mißglückten Abschlag? Schnell vertreibe ich den Gedanken und konzentriere mich wieder auf den Schlag.

Ein Probeschwung. Gut.
Rückschwung, Abschwung.

Treffer.
Die Flugbahn entspricht zwar nicht meinem Plan, trotzdem, der Ball bleibt einen halben Meter vor dem Loch liegen.
Peter zieht die Fahne heraus.

Das Putten habe ich wenig geübt.
Aber aus dieser Entfernung? Einen halben Meter?
Das müßte doch zu schaffen sein.

Probeschwung. Passt.

Ich traue mich kaum zum Loch zu schauen.
Pendelschwung.
Mit dem Putter schiebe ich den Ball an.

Der Ball rollt.
Wenige Millimeter am Loch vorbei.
Einen Meter hinter dem Loch bleibt er liegen.

Also, das gleiche Spiel von neuem.
Jetzt von der anderen Seite.
Und weiter weg vom Loch.

Und Schlag Nummer 6.
Vielleicht klappt es diesmal?

Zuerst noch ein Putt zur Probe.
Dann, … der Putter berührt den Ball.
Ganz leicht.

„Klack, klack"!
Im Loch.

Das Geräusch ist Balsam für meine Ohren.

Geschafft.

Aber 6 Schläge für Par 3?
Das ist ein Schlag zuviel.

Bei diesem Loch habe ich die Vorgabe nicht erfüllt.
Vielleicht hole ich bei einem anderen Loch wieder auf?

Peter fragt mich, ob es mir was ausmacht, wenn wir den Flight hinter uns „durchspielen" lassen.

Im Gegenteil, ich bin froh, wenn die weg sind.

Ich habe etwas Zeit, mich zu beruhigen.

9. PE, die Erste - Loch 2

„152 Meter, Par 3" steht auf der Tafel.

Meine Stimmung schwankt zwischen hoch und tief. Einerseits habe ich beim letzten Loch einen Schlag zuviel gebraucht, andererseits könnte ich bei diesem Loch, sofern mir ein paar gute Schläge gelingen, diesen Rückstand wieder wettmachen.

Die Bahn verläuft gerade, mit Eisen 5 liege ich bestimmt richtig.

Ich stecke das Tee zusammen mit dem Ball in den Boden.
Nicht mehr so aufgeregt wie beim ersten Abschlag nehme ich die Ansprechhaltung ein. Dieses Mal scheint aber etwas mit meinen Füßen nicht in Ordnung zu sein, denn, obwohl ich mehrmals versuche einen sicheren Stand zu finden, es gelingt mir nicht.

Also ziehe ich Tee und Ball heraus und dafür näher an der gelben Abschlagmarkierung wieder in den Boden hinein. Dabei fällt mir der Ball zweimal vom Tee, was meiner inneren Ruhe auch nicht gerade dienlich ist.

Meine erneute Ansprechhaltung vermittelt mir das Gefühl richtig gehandelt zu haben, weil ich jetzt viel besser stehe als zuvor. Während ich mir vornehme, beim folgenden Schlag keine Kraft einzusetzen, fixieren meine Augen die Fahne auf dem Grün.

Dann geht alles wie von selbst.
Ich schaue auf den Ball, beginne mit dem Rückschwung und treffe den Ball.

Er fliegt.
Doch leider nicht so wie geplant, ganz im Gegenteil.
Die Landung erfolgt nach ungefähr achtzig Meter in einem Wassergraben.

Peter sieht die Skepsis in meinem Gesicht und informiert mich mit dem Hinweis „das ist nur ein kleiner flacher Graben ohne Wasser."

Wir erreichen den Graben.
Der Ball liegt ziemlich genau in der Mitte, ist aber wegen der engen Grabenform nicht einfach anzusprechen. Für den Schlag wähle ich das Pitching Wedge.

Schlag Nummer zwei.

Ansprechhaltung.
Schwieriger Stand, leichte Bergauflage.

Wie war das noch?

Körper parallel zur Schlagfläche?
Rechten Fuß etwas nach außen drehen, um im Rückschwung mehr Stabilität zu erreichen. … Oder den linken?
Schulterlinie dem Hang angleichen.
Rechte Schulter tiefer als normal. … Oder höher?
Ball mehr zur linken Ferse. … Oder zur rechten?
Schlägerwahl entscheidend.
Linkstendenz des Ballflugs beachten. … Oder Rechtstendenz?
Deshalb ein bis drei Schlägerlängen mehr? … Oder weniger?
Gleichgewicht ist gestört, deshalb den Schlag nur mit Dreiviertelschwung ausführen.

Ich bringe alles durcheinander.
Meine Anspannung wächst.

Als Ansprechposition nehme ich die Haltung ein, die mir im Moment am angenehmsten erscheint.

„Wird schon irgendwie gehen", denke ich.
Trotz der Unsicherheit wegen meiner momentanen Situation habe ich das Gefühl, gar nicht so schlecht zum Ball zu stehen.

Nur Dreiviertelschwung ausführen.

Das scheint mir das Wichtigste für den Schlag zu sein. Ich konzentriere mich ausschließlich auf diese Bewegung.

Das Feedback meines Probeschlags stimmt trotzdem nicht.

Um einen besseren Stand zu finden, stelle ich mich ein paar Zentimeter näher zum Ball. In Gedanken präge ich mir die geplante Flugbahn ein.

Der folgende Probeschlag stimmt mich sicherer.

Dreiviertelschwung.
„Lieber Himmel, laß mir den Schlag gelingen, hilf mir aus dieser mißlichen Lage".
Langsam hole ich aus und ziele auf den vor mir liegenden Ball.

Treffer!
Es scheint, als hätte man meine Bitte „gehört".
Der Ball fliegt viel weiter als gedacht.

Fast dreißig Meter.
Und das mit Dreiviertelschwung.
Aus dieser Lage. Mit meinem „Können".

Zwar ein bißchen weit links, aber immerhin.
„Danke".

Peter unterbricht meine „nach oben" gerichteten Gedanken mit den Worten „den Ball hast du gut gespielt, scheint so, als könntest du mit Druck gut umgehen."

Ich werde ruhiger, meine Stimmung steigt.
Das könnte zu schaffen sein.

Noch dreißig Meter bis zum Loch.
Links davor, genau in Flugrichtung, lauert der Bunker.

Pitch.
Diesen hochgespielten Annäherungsschlag mag ich. Aushol- und Durchschwungbewegung sind gleich groß, die Standbreite ist schmäler, linker Fuß, Knie und linke Hüfte sind leicht zurückversetzt, das Gewicht liegt mehr auf dem linken Fuß. Es ist ein Armschwung bei dem der Oberkörper mitdreht, die Hände sind passiv. Der Schläger erwischt den Ball vor dem Tiefpunkt, dadurch wird der Ball zwischen Boden und Schläger „gequetscht".

Schlag Nummer drei.
Auf den Zielpunkt konzentrieren.

Mit dem Pitching Wedge mache ich einen Probeschlag.
„Gar nicht so schlecht" denke ich, „so könnte es gehen".

„Mit zwei Schlägen einlochen, dann wäre das Zuviel des ersten Lochs ausgeglichen und ich wieder innerhalb der Vorgabe". Der Gedanke versetzt mich in Unruhe.

Es ist mir bewußt, daß ich mich voll auf den nächsten Schlag konzentrieren muß, also „cool bleiben" rede ich mir ein .

Ansprechhaltung. Schwung.
Ich treffe den Ball ... nicht!

Was ist jetzt los?
Was habe ich falsch gemacht?
Ich weiß es nicht.

Noch ein Probeschwung.
Kein Graskontakt, irgendetwas stimmt nicht.

Nochmal ein Probeschwung.
Jetzt streift der Schlägerkopf das Gras.
Warum nicht gleich so?

So, lieber Ball, jetzt bist du dran!

Augen zum Ball, Rückschwung, Abschwung.
Der satte Klang in meinen Ohren bestätigt den Treffer.

Die Höhe der Flugbahn läßt meine Augen vor Freude strahlen.
Ganz kurz.

Der Ball setzt zur Landung an.

„Oh je, muß das sein?"

„Scheiiiiii....."!

Sicher bin ich im Umkreis von zehn Meter zu hören, so laut tönt es aus mir heraus. Die letzten zwei Buchstaben verkneife ich mir gerade noch, denke ich doch augenblicklich an die Etikette.

Mein Ball.
Im BUNKER!

Peter weist mich darauf hin, daß das mein dritter Schlag war und ich immer noch die Möglichkeit habe, innerhalb des vorgegebenen Limits zu spielen, sofern ich mit dem nächsten Schlag das Grün treffe und mit einem Putt einloche.

Vielleicht „very easy" für einen angehenden Pro.
Aber für mich?

In den letzten Tagen habe ich des öfteren Bunkerschläge geübt, die dabei erreichte Erfolgsquote spottet jeder Beschreibung. Für mich ist das der schwierigste Schlag. Und jetzt soll ich mich mit einem Schlag aus dieser Lage befreien?

Erstens glaube ich nicht an „6 Richtige im Lotto" und zweitens noch weniger, den Ball mit einem Schlag aus dem Bunker spielen zu können. Es wird mir schlagartig bewußt, daß ich heute von der Platzreife wahrscheinlich nur träumen kann.

Holt mich die Realität schon beim zweiten Loch ein?
Trotz der für mein Können aussichtslos erscheinenden Situation bin ich ganz ruhig, was mich selbst am meisten überrascht.

Schlag Nummer 4.
Aus dem Bunker.

Die Füße grabe ich leicht in den Sand. Mein Stand ist alles andere als sicher, ich wackle hin und her. Das Sand Wedge liegt wie ein Fremdkörper in meinen Händen.

Ich weiß, daß man laut Lehrbuch nicht direkt den Ball sondern den Sand davor treffen muß, aber warum ist in dieser Situation kein Probeschlag erlaubt?
Der Erfinder dieser Golfregel gehört gesteinigt.

Ich hole aus.
Und ... schlage zu.

Kein Sand staubt auf.
Das Sand Wedge steckt fest.
Im Sand.
Vor dem Ball.

Ich spüre förmlich wie sich der Farbton in meinem Gesicht verändert.

Mit dem aufkommenden Gefühl „Platzreife ade" nehme ich mir vor, entgegen jeder Anleitung diesmal nicht in den Sand, sondern auf den Ball zu schlagen.

Schlag Nummer 5.

Ansprechposition.
Ich fixiere den Ball.
Rückschwung.
Abschwung.

Volle Power!

Sand staubt auf.
Der Ball fliegt!

Es ist mir völlig schleierhaft, warum der Ball den Bunker verläßt, habe ich doch auf den Ball und nicht den Sand davor gezielt.
Es ist mir ein Rätsel, aber ich denke nicht weiter darüber nach.

Der Ball liegt zwei Meter neben dem Loch.
„Ein guter Schlag" sagt Peter und zieht die Fahne heraus.

Mit fünf Schlägen habe ich die Vorgabe für dieses Loch bereits „aufgebraucht". Wenn ich meine Chancen für das Bestehen der Prüfung nicht schon jetzt „begraben" will, heißt es beim nächsten Schlag: "ins Loch"!

Der wachsende Druck lastet auf mir.

Ansprechhaltung.

Mit dem Putter führe ich einen Probeschwung durch.
Als Rückmeldung erhalte ich: „SO NICHT."

Seltsam, jetzt ist auch das Kniezittern wieder da.
Ich atme so gut es geht ruhig durch.

Dann verändere ich meinen Stand näher zum Ball.
Ein Probeschwung.
Gut, so könnte es gehen.

Den Putter führe ich etwas nach hinten, dann nach vorne und schiebe den Ball gefühlvoll in Richtung zum Loch.

„Klack, klack"!
Musik in meinen Ohren.

6 Schläge für Par 3.

Für die Vorgabe „ein Schlag zu viel".

Noch ist nichts verloren.

10. PE, die Erste - Loch 3

„110 Meter, Par 3" steht auf der Tafel.

Nach diesem Loch ist das erste Drittel der Prüfung vorbei. Kann ich die zuviel gespielten zwei Schläge der ersten beiden Löcher noch ausgleichen?

Bewacht von einem Bunker links und einem Bunker rechts liegt das Grün des dritten Lochs vor mir. Hätte man mich bei der Planung des Platzes gefragt, ich hätte die Bunker nicht so nahe am Grün plaziert.

Mit Eisen 5 spreche ich den Ball an.
Die gedachte Flugbahn präge ich mir ein und nehme mir vor, den Ball bis zum Treffen nicht mehr aus den Augen zu lassen.

Ein sattes Geräusch bestätigt den Treffer.
Der Ball fliegt … nicht so wie gedacht.

Ungefähr einen Meter entfernt vom rechten Rand des Bunkers auf der rechten Seite bleibt er liegen.
„Glück gehabt", denke ich.

Auf dem Weg zum Ball rechne ich mir aus wie es wäre, wenn es mir gelingen würde, den Ball beim nächsten Schlag auf das Grün zu spielen und dann mit einem Putt einzulochen. Das Par würde die zuviel benötigten Schläge der ersten beiden Löcher ausgleichen und ich wäre wieder innerhalb der Vorgabe.

Die realitätsfernen Gedanken verdränge ich ganz schnell, weil ich sie ohnehin nicht umsetzen kann. Dabei fallen mir Petr´s Worte wieder ein: „Go-**L**-f spie-**L**-t sich im Kopf ab."

Richtig, und mein Kopf macht den Vorschlag „nimm jetzt das Sand Wedge und spiele den Ball hoch über den Bunker auf das Grün".

Ja, so könnte es gehen.
Der folgende Probeschwung bestätigt den Vorschlag.

Ich bin wieder ganz ruhig.
Schon bei der Ausholbewegung habe ich das Gefühl, daß mir der Pitch gelingt. Und tatsächlich, der Ball fliegt über den Bunker und landet auf dem Grün.

„Puhh", ich schnaufe durch.
Das war mein erster guter Schlag.

Jetzt mit einem Putt ins Loch.
Dann wäre ich wieder im Spiel.

Der Ball liegt knapp zwei Meter vor dem Loch.

Am Rand des Grüns versuche ich in fast sitzender Haltung das Grün zu lesen.

„Das Putten hätte ich öfter üben sollen".
Die Nachlässigkeit in der Vergangenheit wird mir bewußt, mein Adrenalinspiegel steigt.

Alle für diesen Schlag wichtigen Dinge versuche ich zu ordnen, „über dem Ball stehen, Pendelschwung, Ball zum Loch führen, nicht schlagen".

Locker putte ich den Ball.
Von wegen locker.
Viel zu fest!

Der Ball verfehlt das Ziel ganz knapp und liegt jetzt ungefähr drei Meter dahinter.

„Arrivederci Platzreife"?

Nächster Versuch.
Meine Augen sind über dem Ball, die Ausholbewegung führe ich ganz ruhig durch und putte den Ball gefühlvoll in Richtung Loch.

Er rollt.
Langsam.
Und bleibt ungefähr fünf Zentimeter vor dem Loch stehen.

Den folgenden schnellen und unkontrollierten Putt begleite ich mit „saurer Miene", was anscheinend auch Peter nicht entgeht.

„Dieses Loch hast Du mit zwei Schlägen über Par, also innerhalb der Platzreife gespielt, das ist in Ordnung. Es ist noch alles offen."

„Der hat gut reden", denke ich „er als Pro in spe".

Alles offen?

So wie ich heute drauf bin, ganz bestimmt nicht.

11. PE, die Erste - Loch 4

Das schwerste Loch.
270 Meter, Par 4, Handicap 1.

Ausgerechnet auf diesem Loch soll ich die bis jetzt zuviel gespielten Schläge gutmachen?

Ich?
Unmöglich!
Utopisch!

Jetzt kommen höchstwahrscheinlich noch zehn Schläge dazu.
Das war´s dann wohl.

Ich gehe zum Abschlag und stecke das Tee in den Boden. Der Versuch, den Ball auf das Tee zu setzen mißlingt zweimal, so zittern meine Hände. Die Ansprechhaltung mit Eisen 5 gibt mir weder ein positives noch ein negatives Feedback, was mir jetzt auch völlig egal ist.

Blick zum Ziel? Nein.
Ich mag nicht nach vorne schauen.

Wegen der Geländeform hat man den Eindruck, als sei eine tiefe Schlucht zu überwinden, an die sich nach optisch gefühlt einhundert Meter das Fairway anschließt.
Dreißig Meter vom Abschlag entfernt ist eine Kante, rechts steht dichter Wald, links einzelne Bäume. Um das Fairway zu treffen, muß der Ball gerade über die Kante zwischen Wald und Bäume gespielt werden.

Von mir?
Kalter Schweiss läuft mir den Rücken hinunter.

Meine Schwungbewegung verläuft irgendwie apathisch, mechanisch, wahrscheinlich gesteuert von dem Gefühl, daß jetzt ohnehin alles vorbei ist.
Dann nehme nur noch den satten Klang beim Treffen des Balles wahr.

Der Ball fliegt.
Und wie! Das gibt es doch nicht.
Kerzengerade. Über die Schlucht.
Und weit. 120 Meter!

„Das war ein sehr guter Schlag" kommentiert Peter.

Ich kann es selber kaum fassen und bin vor Freude ganz außer mir. Die nächsten Minuten auf dem Weg zum Fairway versuche ich zu ergründen, weshalb mir der Schlag so gut gelungen ist.

Was habe ich anders gemacht als bisher?
Zufall oder Glück?
Ich komme auf kein Ergebnis.
Egal, die erste Hälfte der Distanz ist schon fast geschafft.

Der Ball liegt mitten auf dem Fairway.

Die Hanglage „bergauf" gibt mir Rätsel auf.
Irgendetwas stimmt nicht bei der Ansprechhaltung.

Ich erinnere mich daran, daß bei Hanglage der Ball anders als normal liegen soll, nur, ob mehr zur linken oder aber zur rechten Ferse, ... das habe ich vergessen.
Bei der Eisenwahl sollte ein kürzeres Eisen gewählt werden, da bin ich mir sicher.

Aus dem Gefühl heraus stelle ich mich etwas breitbeiniger vor den Ball und nehme Eisen 7.

Probeschwung Nummer zwei ... passt.

Mit dem Blick zur Fahne bewege ich auf dieser gedachten Linie mein Eisen.

Abschwung.
Treffer.
Ich glaube nicht an Wunder!

Oder gibt es sie doch?

Der Ball fliegt schon wieder.
Geradewegs auf die Fahne zu.
Fast 100 Meter!

Peters Kommentar „du brauchst anscheinend schwierige Situationen und Druck, den Ball hast du gut gespielt" weckt in mir den Kampfgeist.
Wie bei einem Löwen vor dem Reißen der Beute sind plötzlich alle meine Sinne geschärft, nur noch darauf fixiert, die Chance wahrzunehmen, die zuviel gespielten Schläge der ersten zwei Löcher wieder auszugleichen.
Und das ausgerechnet beim schwersten Loch!

Dreißig Meter bis zur Fahne.
Peter geht voraus und bleibt neben der Fahne stehen.

Pitching Wedge. Dreiviertelschwung.
Das sollte für die Entfernung reichen.

Von meiner momentanen Verfassung bin ich selbst verblüfft, die Aufregung ist wie weggeblasen.

Ein erster Probeschlag ist gut, der zweite noch besser.
Eigenartig, aber plötzlich denke ich nicht mehr so sehr an den Bewegungsablauf, sondern führe den Schlag aus dem Gefühl heraus durch.

Ein letzter Blick zur Fahne.
Rückschwung.
Oberkörper nach rechts gedreht.
Augen auf dem Ball, Abschwung.

Treffer.

Der Ball fliegt in der gedachten Linie zur Fahne.
Und bleibt am Rand des Grüns, ungefähr acht Meter vor dem Loch liegen.

Mit dem dritten Schlag!
Ich kann es kaum glauben.

„Daß jemand beim Platzreifeversuch mit drei Schlägen auf dem Grün von Loch 4 liegt, habe ich bisher auch noch nicht erlebt", kommentiert Peter die Situation.

Den Applaus des vor mir spielenden Flights genieße ich in vollen Zügen, allem Anschein nach haben die mein Spiel verfolgt. Der begleitende Golf-Pro zeigt mir seinen hocherhobenen Daumen.

Ein himmlisches Gefühl.

Die Rückmeldung meiner Ansprechhaltung für den Putt stimmt, meine Augen sind über dem Ball. Ich bin hochkonzentriert und hoffe das Grün richtig gelesen zu haben, damit der Ball auch den Weg nimmt, den ich ihm zugedacht habe.
„Nach rechts halten, um das Gefälle auszugleichen".

„Ein Drittel Ausholbewegung, zwei Drittel den Ball führen", fallen mir die Zeilen im Lehrbuch wieder ein.

Mein vierter Schlag.
Acht Meter bis zum Loch.

Vielleicht Par?

Pendelbewegung.
Putt.

Die ersten Meter legt der Ball zügig zurück.
Die Richtung stimmt.
Jetzt wird er langsamer.
Rollt nach links und … bleibt liegen.

Einen halben Meter vor dem Loch.

Mit dem vierten Schlag!

Ich hole auf.

Ich kann es noch schaffen.

Verdammtes Golf.

Ein „Auf und Ab" der Gefühle.
Streß pur.
Jetzt ist es wieder da.
Das Kniezittern!

Fünfzig Zentimeter bis zum Loch.
Das sollte doch sogar ich fertigbringen.
Obwohl ich das Putten so wenig geübt habe.
Einfach den Ball etwas anschieben.

Meine Ansprechhaltung korrigiere ich zweimal.

Wenn doch nur diese Gedanken aus meinem Kopf verschwinden würden. Es gelingt mir nicht sie zu verdrängen und mich zu beruhigen.

Putt.

Der Ball läuft zum Loch.

Zum Rand.

Umrundet diesen.

Einmal.

Dann?

„Klack, klack"!
Ein himmlisches Geräusch.

Fünf Schläge für Par 4.

Boogie!

Ich bin wieder im Spiel.

12. PE, die Erste - Loch 5

105 Meter, Par 3, Handicap 9. Das leichteste Loch.

Mit Eisen 7 und der positiven Stimmung die Platzreife zu schaffen, gehe ich zum Abschlag.

Golf, ein toller, ein faszinierender Sport.

Zweimal korrigiere ich meine Ansprechhaltung, trotzdem gelingt mir kein guter Probeschwung.

Der erste Versuch den Ball zu treffen mißlingt ebenfalls. Außer einem Luftzug durch die Schlagbewegung rührt sich nichts und gibt mir Rätsel auf.

Was habe ich dieses Mal verkehrt gemacht?

Ich kenne meine Fehler, leider sind es so viele.

Haben sich meine Knie wieder selbständig gemacht oder war ein zu flacher Anstellwinkel der Grund für den Luftschlag?
Habe ich vergessen das Ziel vorher zu fixieren oder das Eisen nicht auf der gedachten Linie zum Ziel bewegt?
Waren meine Augen wieder einmal schneller als der Ball?

Ball?

Genau.
Das ist der Grund. Ich habe nicht auf den Ball geschaut.

Golf.
Sport?

Nein.
Streß pur!

Der folgende Probeschwung ist o.k.
Den Ball lasse ich nicht mehr aus den Augen.
Ein satter Ton begleitet den Treffer.

Die Weite scheint zu passen.

Die Richtung?
Leider nicht. Viel zu weit rechts.

Der Ball landet im Rough.

Mit den Worten „den kann man noch gut spielen" meldet sich Peter zurück.

Gut spielen?
Ich?
Hat der eine Ahnung.

Der Ball liegt ungefähr einen halben Meter neben dem Fairway im Rough, zirka zwanzig Meter vom Grün entfernt und ist für mich alles andere als gut zu spielen.

Soweit ich mich erinnern kann, liege ich mit dem Sand Wedge für den Schlag im Rough laut Buch „Universal-Golf-Learning-System" richtig, doch wie der Schwung ausgeführt und der Ball angesprochen werden soll, das weiß ich nicht mehr.

Und geübt habe ich diesen Schlag in den vergangenen Wochen auch nicht.

Ein erster Probeschwung endet vorzeitig, weil sich schon beim Rückschwung Gras um den Schlägerkopf wickelt und jede weitere Bewegung stoppt.
Beim zweiten Versuch kann ich zwar den Schwung beenden, werde aber durch das hohe Gras so stark behindert, daß die Treffgeschwindigkeit nicht ausreichen würde, den Ball auf das Fairway zu spielen.

Ich bin ratlos.

Ob Peter das große Fragezeichen in meinen Augen bemerkt?

Wie dankbar wäre ich jetzt für einen Rat von ihm, aber er darf sich ja nur zu Regelfragen äußern.

Die Situation gleicht einem Puzzle, alles passt nahtlos zusammen:
- Ball im Rough,
- mißglückte Probeschwünge,
- Nichtwissen,
- Nichtkönnen.

Meine ganze Hoffnung besteht darin, irgendwie den Ball zu treffen.

Mit dem Gefühl, daß mir im Moment nichts anderes übrigbleibt als den in keinem Lehrbuch zu findenden Schlag „einfach draufhauen" anzuwenden, erfahre ich schmerzhaft, was es heißt, das mit voller Power zu tun.

Also leite ich den Rückschwung ein.
Und … „haue drauf".
Treffer. Irgendwie.
Mehr den Boden als den Ball.
Und hart.
Die rechte Hand wäre für eine eingebaute Federung dankbar.

Der Ball bewegt sich langsam auf das Fairway zu, der halbe Meter weite Weg durch das Gras scheint ihm schwer zu fallen.

„Glück gehabt", denke ich erleichtert.
Der Ball liegt jetzt gut spielbar am Fairwayrand.
Noch sind es knapp zwanzig Meter bis zum Grün.

Wenn es mir gelingen würde, mit dem dritten Schlag das Grün zu treffen und mit zwei Putts einzulochen, wäre die Vorgabe für dieses Loch erfüllt.

Mit Pitchen könnte es funktionieren.
Der Ball wird in hohem Bogen gespielt, damit er nach der Landung gleich liegen bleibt.

Und … diesen Schlag mag ich, den habe ich oft geübt.

Voller Vertrauen in meine Entscheidung spreche ich selbstbewusst den Ball an.

Der erste Probeschwung scheint mir für diese Weite nicht auszureichen, ein zweiter Versuch dagegen zu weit zu gehen. Jetzt vielleicht das Mittel von beiden Probeschwüngen finden?

Das wär´s.

Das satte „Plopp" beim Treffen bestätigt meine Entscheidung.
Der Ball fliegt wie im Lehrbuch beschrieben in hohem Bogen auf das Grün und bleibt zirka drei Meter neben der Fahne liegen.

Ich bin „happy".

Wenn ich daran denke, wie es noch wenige Minuten vorher in mir ausgeschaut hat.
Und jetzt?

Mit dem dritten Schlag auf dem Grün, drei Meter neben dem Loch.

Die freudige Erregung scheint auch meine Fingerspitzen zu erreichen und … meine Knie.

Jetzt ist es wieder da.
Das Zittern.
Die Aufregung.

So kurz vor dem Loch.
Da kann doch nichts mehr schief gehen.
Oder?

Mein Atem wird unruhiger.
Der Versuch, die Nervosität zu unterdrücken, gelingt mir nicht.

Der erste Probeputt scheint nicht das Gelbe vom Ei zu sein, ein zweiter ist auch nicht besser.
Meine Augen bewegen sich auf der Linie vom Loch zum Ball und wieder zurück.
Und dann noch einmal.
Und noch einmal.

Ist doch seltsam.

Diese Unsicherheit so kurz vor dem Ziel.
Gerade jetzt, wo die Platzreife in greifbare Nähe rückt.
Knapp drei Meter vor dem Loch.

Ich führe den Putter auf der gedachten Linie langsam zurück und bewege ihn dann sanft nach vorne.

Der Ball bewegt sich.

Richtung? Stimmt.
Tempo? Stimmt auch.

Drei Meter können lang sein.

Der Ball läuft zum Loch.

Zum Rand.
Am Rand entlang.
Und ... verläßt ihn wieder.
Zurück auf das Grün.

„Verflucht" rufe ich laut.
„Ruhig bleiben" sagt Peter.

Ich und ruhig?
Das war der vierte Schlag.

Der Ball liegt jetzt fast vier Meter neben dem Loch.
Also schlechter als vorher.

Warum habe ich nur das Putten nicht so intensiv geübt wie die Abschläge?

Jetzt bekomme ich zu spüren was es heißt, nicht auf den Ratschlag eines erfahrenen Golfers zu hören.
Petr hat mich darauf hingewiesen, daß bei Golf das kurze Spiel entscheidend ist und ich deshalb das kurze Spiel mehr üben soll als die Abschläge.

Golf, ein toller Sport.
Hier wird einem gezeigt, wo es lang geht.

Golf verzeiht keine Fehler.
Und meine schon gar nicht.

Jetzt bekomme ich die Quittung für meine Nachlässigkeit.
Geschieht mir ganz recht.

Seltsam.
Je mehr ich mich über mich selbst ärgere, um so ruhiger werde ich.

Der folgende Putt stimmt mich noch ruhiger.

„Klack, klack"!
Im Loch.

Aus dieser Distanz!

Mit dem 5. Schlag.

Zwei über Par.
Vorgabe erfüllt.

Warum nicht gleich so?

13. PE, die Erste - Loch 6

124 Meter, Par 3, Handicap 7.

Es geht leicht bergauf, das Grün wird bewacht von einem rechts davor liegenden Bunker.

Ich entscheide mich für Eisen 6 und den Abschlag wegen des Bunkers mehr nach links auszurichten.

In Gedanken bin ich noch bei den letzten fünf Löchern und zähle im Eiltempo meine bisherigen Schläge:
Loch 1: 6 Schläge
Loch 2: 6 Schläge
Loch 3: 5 Schläge
Loch 4: 5 Schläge
Loch 5: 5 Schläge
Zusammen 27 Schläge!

50 Schläge sind Vorgabe für die Platzreife.
Für die restlichen vier Löcher habe ich noch 23 Schläge gut, also pro Loch 5 Schläge und ein bißchen mehr.

Es könnte gehen. Noch liege ich im Rennen.

Während ich bemüht bin, eine gute Ansprechhaltung zu finden, versuche ich mir einzureden „weiter so, bleib ruhig, du schaffst es".

Rückschwung, Abschwung.
Der Ball fliegt.
Nach rechts.
In die Bäume.

Ins AUS!

Peter´s Kommentar „Du weißt ja, was die weißen Pfähle am Rand bedeuten" dämpfen meine noch vor Minuten gehobene Stimmung auf Null.

„Einen Strafschlag, wie bei Loch 1" antworte ich kleinlaut.

Ich setze erneut einen Ball auf das Tee.

„Beim nächsten Schlag noch mehr nach links halten" versuche ich mir einzureden.
Beim folgenden Probeschlag scheint es zu funktionieren.

Mein Blick geht zur Fahne.
„Ja nicht in den Bunker".
„Lieber etwas kürzer spielen".

Das laute Knackgeräusch beim Treffen verrät mir, daß ich den Ball getoppt habe.

Von Flug keine Spur.
Er rollt und rollt und rollt und bleibt nach dreißig Meter mitten auf dem Fairway liegen.

„Gerade nochmal gut gegangen".

Noch neunzig Meter bis zum Loch.
Mit dem fünften Schlag.

Es wird eng.

Die Fahne und den davorliegenden Bunker nehme ich ins Visier und versuche auf dieser gedachten Linie den Rückschwung mit Eisen 5.

Ein satter Treffer.
Die Richtung stimmt.

Hoffentlich weiß der Ball, daß in dieser Richtung auch der Bunker lauert!

Nein.
Weiß er nicht.

Zu kurz.

Im BUNKER!

Mit dem sechsten Schlag soll ich den Ball auf das Grün spielen?

Ich?

Wo ich doch Bunkerschläge am allerwenigsten kann.

Wobei, bei Loch 2 ging es doch auch.
Vielleicht funktioniert es ein zweites Mal?

Ich grabe meine Füße in den Sand.
Aufpassen! Ja nicht mit dem Sand Wedge den Boden oder Ball berühren. Das gäbe einen Strafschlag.

Und Peter steht hinter mir, ... der sieht alles.

Mit dem Mut der Verzweiflung schwinge ich voll durch.
Sand staubt auf.
Der Ball fliegt.

Aus dem Bunker ... auf das Grün.
Zwei Meter neben dem Loch bleibt er liegen.

Peters Lob „das war ein guter Schlag" macht mir Mut.
Mit „danke, das war reines Glück, Bunkerschläge mag und kann ich nicht", gebe ich ihm Auskunft über den aktuellen Stand meines Könnens.

Noch zwei Meter bis zum Loch.
Ich atme tief durch und versuche ruhig zu bleiben.
Es gelingt mir wieder einmal nicht.

Ein Putt zur Probe.
Passt nicht.

Ich verändere die Ansprechposition.
Näher zum Ball.

Nochmal simuliere ich Vor- und Rückwärtsbewegung.
Jetzt ist es besser.

Blick zum Loch.

Gedachte Linie.

So könnte es gehen.

Mit einem sanften Pendelschwung tippe ich den Ball an.

„Klack! Klack"!
Im Loch.

Mit dem siebten Schlag!

Auf einem Par-3-Loch.
Auf einem der leichtesten Löcher.

Es wird immer enger.

Die zwei schwersten Löcher habe ich noch vor mir.

14. PE, die Erste - Loch 7

260 Meter, Par 4, Handicap 3. Das drittschwerste Loch.

Wenn ich doch nur schon mit einem Holz „umgehen" könnte.
Ich denke daran, wie Petr damit Weiten weit über zweihundert Meter erreicht.

Und ich?
130 Meter, mit Eisen 5, wenn ich Glück habe.

Wenn??

16 Schläge stehen mir noch zur Verfügung. Mir ist bewußt, daß nun jeder Schlag passen muß, ansonsten rückt die Platzreife in weite Ferne.

Meine Ansprechhaltung verleiht mir ein gutes Gefühl.
Der Probeschwung mit Eisen 5 auch.
Blick zum Ball, Rückschwung, Abschwung.

„Boing".
Topp.

„Sssssssssssssss-tt"!
Wie die Maus „Speedy Gonzales" entfernt sich der Ball.
Am Boden des Fairways entlang.

Nach fünfzig Meter bleibt er liegen.
„Hätte schlechter kommen können", denke ich.

Noch gut 200 Meter bis zum Loch.

Schlag Nummer zwei.

Ansprechhaltung.
Das Feedback des Probeschwungs mit Eisen 6 stimmt.
Blick nach vorne, ich starte mit der Schwungbewegung.
Treffer.
Aber nicht optimal.

Die Flugbahn des Balles entspricht in keinster Weise meinen Vorstellungen, ungefähr 80 Meter vor dem Bunker bleibt er liegen.

Schlag Nummer 3.

Noch mehr als 100 Meter bis zum Loch.

Sicherheitshalber nehme ich Eisen 7, mein bevorzugtes Eisen.
Scheint fast, als hätte das Eisen mein Vertrauen honoriert, es befördert den Ball schnurstracks in Richtung Grün.

Schlag Nummer 4.

30 Meter bis zum Loch.
Links lauert der Bunker.

Mit Sand Wedge und einem Pitch mache ich bestimmt nichts falsch.
Meine ganze Konzentration richte ich auf den Schwung.
Aushol- und Durchschwungbewegung sind gleich, die Hände passiv, der Stand enger, das Gewicht mehr auf den linken Fuß verlagert, die linke Hüfte zurückgenommen, der Ball vor dem Tiefpunkt getroffen.

Fehler darf ich mir keine mehr leisten.
Noch habe ich dreizehn Schläge für die letzten drei Löcher gut.

So gut es geht versuche ich die aufkommende Unruhe zu unterdrücken.
In meiner ohnehin heiklen Situation darf ich nicht an die verbleibenden Restschläge denken, sondern muß versuchen, die innere Rechenmaschine auszuschalten und mich auf das Spiel konzentrieren.

Noch 30 Meter.
Hoffentlich treffe ich mit dem nächsten Schlag das Grün.

Da ist es schon wieder.
Das Kniezittern!

Mit dem ersten Probeschwung stimmt irgendetwas nicht, der zweite ist auch nicht besser.

Noch einmal ändere ich die Ansprechhaltung.
Das Feedback des folgenden Probeschwungs sagt mir, daß sich immer noch nichts geändert hat, erst beim vierten Versuch streift der Schlägerkopf das Gras.

Kontrolliert leite ich den Rückschwung ein.
Pitch.

Treffer.
Der Ball fliegt in hohem Bogen ... auf das Grün.
Am Rand bleibt er liegen.

„Ein guter Schlag" äußert sich Peter.
Mit „Danke" quittiere ich erleichtert seinen Kommentar.

Noch drei Meter bis zum Loch.
Peter zieht die Fahne heraus.

Rechts vom Loch anhalten, weil der Boden etwas nach links abfällt. Mit dem Putter nur leicht antippen, das muß reichen wegen dem Gefälle. Zwei Probeputts stimmen mich sicher.

Pendelschwung.
Putt.

Der Ball rollt ganz langsam zum Loch.
Eine Handbreite davor bleibt er liegen.

Ein sanfter Putt.

„Klack, klack"!
Im Loch.

Geschafft.
Mit 6 Schlägen Vorgabe erfüllt.

Die Platzreife rückt wieder näher.

15. PE, die Erste - Loch 8

131 Meter, Par 3, Handicap 4.

Das Grün liegt ungefähr zwanzig Meter tiefer als der Abschlag. Links vom Grün steigt das Gelände an, rechts fällt es ab, hin zu einem still vor sich hinplätschernden Bächlein, das von Bäumen und Gestrüpp umsäumt wird.

„Nur nicht nach rechts, das wäre mit Sicherheit das vorzeitige Ende meines Platzreifeversuchs".
Dieser Gedanke verfolgt mich während ich das Tee in den Boden stecke.

Als ich den Ball auf das Tee setzen will, fällt er wieder herunter.
Meine Hände zittern.
Beim zweiten Mal hält er still.

„Das viertschwerste Loch und ich habe nur noch zwölf Schläge übrig für die letzten zwei Löcher.

„Jetzt die Nerven behalten und ruhig bleiben", versuche ich mir einzureden. Es gelingt mir nicht.

Mit einem Blick zur Fahne und dem Vorsatz „ohne Kraft auf dieser gedachten Linie das Eisen 7 schwingen", leite ich den Rückschwung ein.
Mein Vorhaben wird mit einem satten Klang beim Treffen des Balles belohnt.

Der Ball hält sich bei seinem Flug an die ihm zugedachte Linie. Nach gut achtzig Meter landet er links vom Grün auf dem Hang und rollt dann ein ganzes Stück nach rechts den Hang hinunter. In einem kleinen, von blauen Pfählen markierten seichten Graben bleibt er liegen.

Meinem Blick zu Peter entgeht nicht dessen etwas skeptischer Gesichtsausdruck.

Oder bilde ich es mir nur ein?

Noch elf Schläge.

Der Ball liegt gut spielbar am oberen Ende des Grabens, also gar nicht so schlecht wie zuerst gedacht, ungefähr fünfzig Meter entfernt vom Loch.

Für den Schlag wähle ich Eisen 9.

Ein erster Probeschwung verheißt nichts Gutes.
Luftschlag.

Der zweite ist auch nicht besser.
Luftschlag.

Beim dritten Versuch das gleiche nochmal.
Luftschlag.
Meine Nerven flattern.

Beim vierten Mal bewegt sich das Gras ein wenig.

Irgendetwas stimmt wieder nicht mit meinem Schwung.
Aber was?

Ich stehe über dem Ball.
Genau. Das ist es.

Laut Lehrbuch macht man in dieser Situation keinen Voll-, sondern nur einen Dreiviertelschwung und nimmt ein kürzeres Eisen. Außerdem ist der Oberkörper mehr nach vorne zu neigen.
Oder weniger?

Mit der Wahl eines kürzeren Eisens bin ich mir ganz sicher und ziehe das Pitching Wedge aus dem Bag. Dann versuche ich einen möglichst angenehmen Stand zu finden.

Probeschlag. Dreiviertelschwung.
Das Eisen streift das Gras. Sicherheitshalber mache ich noch einen weiteren Versuch. Auch der ist ok.

Warum nicht gleich so?

„Und jetzt den Schlag genauso durchführen", nehme ich mir vor.

Schon beim Treffen des Balles bin ich mir sicher, daß er irgendwo in der Nähe des Grüns seinen Flug beenden wird. Daß er aber nach fast fünfzig Meter direkt auf dem Grün, sechs Meter vor der Fahne landet, das habe ich dann doch nicht für möglich gehalten.

Peters Kommentar „der Schlag war perfekt" tut gut.
„Danke"!

Mein Selbstvertrauen wächst.

Noch zehn Schläge.

Sechs Meter bis zum Loch.
Eventuell mit zwei Putts zu schaffen?
Dann wären noch acht Schläge für das letzte Loch übrig.

Es könnte noch gehen.

Mein Verstand empfiehlt mir, daß es in meiner Situation besser wäre, mich auf das Spiel zu konzentrieren als anzufangen, die Restchancen für das Bestehen der Prüfung auszurechnen.
Recht hat er.

Das Lesen des Grüns ist schwierig.
In Richtung Loch weist es ein starkes Gefälle auf, außerdem ist es auch noch nach rechts geneigt.

Ich nehme mir vor, einen Meter links vom Loch anzuhalten, um damit die Schräge auszugleichen.

Ein erster Probeputt erscheint mir viel zu heftig, der zweite ist deutlich besser, beim dritten erst stimmt das Feedback.

Sechs Meter. Bergab.
Und nach rechts geneigt.

Ich atme noch einmal tief durch.

Meine Ausholbewegung ist nur ganz kurz, dann schiebe ich den Ball leicht an.

Er rollt.
Wird ein bißchen schneller.
Wird noch ein bißchen schneller.
Gut.

Macht jetzt die geplante Rechtskurve.
Sehr gut.

Wird wieder etwas langsamer.
Gut.
Noch zwei Meter bis zum Loch. Die Richtung passt.

Wird noch langsamer.
Ganz gut.
Ein Meter bis zum Loch.
Perfekt! Der geht ins Loch!

Nein.

Knapp vorbei, vielleicht zwei Zentimeter.
Zirka einen Meter hinter dem Loch bleibt er liegen.

Peters Worte „das Grün hast Du gut gelesen" nehme ich mit einem „Danke" und erhöhtem Pulsschlag zur Kenntnis. Ich bin mir bewußt, daß der Putt wegen dem Gefälle und der Schräge des Grüns nicht einfach war und ich mehr als zufrieden sein kann, so wie der Ball jetzt liegt.

„Auf den nächsten Schlag konzentrieren, cool bleiben" nehme ich mir vor.

Es gelingt mir.

Noch neun Schläge.

Ein erster Putt zur Probe.
Nicht gut.

Augen über dem Ball?
Nein.

Ein zweiter Versuch zur Probe.
Jetzt stimmt das Feedback.

Noch einen Meter.

Warum erzeugt ein Meter soviel Herzklopfen?

Mit dem Putter schiebe ich den Ball an.

„Klack, klack"!
Im Loch.

Ich könnte die ganze Welt umarmen.

Peters Kommentar "deine letzten drei Schläge waren wirklich gut" streichelt meine Seele.

„Danke"!

Platzreife, du kannst kommen.

So wie es jetzt läuft.

16. PE, die Erste - Loch 9

249 Meter, Par 4, Handicap 2.
Das zweitschwerste und letzte Loch.

50 Schläge ist die Vorgabe für die Platzreife.
42 Schläge habe ich bisher gebraucht.

8 Schläge für 249 Meter. „Das schaffe ich", ganz sicher.

Die Spielbahn steigt leicht an.

Ansprechhaltung.
Beim ersten Probeschwung mit Eisen 4 rührt sich nichts.

Ich stelle mich näher zum Ball.
Probeschwung. Der Schlägerkopf touchiert das Gras.

Mein Blick wandert noch einmal nach vorne. Für den nächsten Schlag nehme ich mir vor, meine gröbsten Fehler zu vermeiden:

Nicht mit Kraft schlagen!
Knie gleichmäßig gebeugt lassen!
Auf den Ball schauen!

Ich konzentriere mich auf den Ball und leite den Rückschwung ein. Abschwung.

Treffer.
Topp.

„Verflucht nochmal"! Peter hört mich anscheinend nicht.

Der Ball ist gerade mal fünfzehn Meter gerollt und liegt jetzt hinter dem Damenabschlag.

„Bravo. Wenn das so weitergeht".
„Nur nicht die Nerven verlieren, noch ist nichts verloren".

In meinem Kopf jagen sich die Gedanken.

Mein Puls wird wieder schneller.
Jetzt ist auch die Aufregung wieder da.

Noch sieben Schläge.

Mit Eisen 7 spreche ich den hindernisfreiliegenden Ball an.
Die Rückmeldung der beiden folgenden Probeschläge läßt zu wünschen übrig, beim dritten Versuch ist es besser.

In der Hoffnung, daß mir der Schlag gelingt, hole ich aus und treffe den Ball.

Topp.
Schon wieder. Kaum zu fassen.

„Was ist denn jetzt los?" rufe ich wutentbrannt.
Es kostet mich viel Überwindung, mir die Enttäuschung über die letzten zwei mißglückten Schläge nicht anmerken zu lassen.

Der Ball hat weitere fünf Meter zurückgelegt und parkt jetzt auf einem Grasweg.

Noch sechs Schläge.
Und ich bin immer noch in der Nähe des Abschlags.

Der Puls wird noch schneller, ich fühle mein Herz klopfen. Eine innere Stimme versucht mir einzureden „du brauchst jetzt einen guten Schlag, dann geht es noch".

Noch gut zweihundertdreißig Meter bis zum Loch.

Ansprechhaltung, wieder mit Eisen 7.
Die Fahne kann ich nicht sehen.
„Einfach nur das Fairway treffen", nehme ich mir vor.

Treffer.
Der Ball fliegt zirka 80 Meter nach rechts, Richtung Rough.

Wir suchen den Ball, Peter findet ihn als erster.
Er liegt direkt am Rand des Roughs.

Die Lage des Balles erlaubt einen vollen Schwung, der Schlag kann parallel zur Linie des Roughs ausgeführt werden.

Schlag Nummer 46.

Noch 150 Meter bis zum Loch.
Noch 5 Schläge. Dieser Schlag entscheidet.
Wenn der nicht glückt, ... Platzreife Ade!
„Den Ball mit dem Pitching Wedge auf das Fairway spielen, so könnte es gehen". Ein Probeschwung gibt mir recht.

Wahrscheinlich ist das Dilemma meiner Lage schuld daran, daß ich den Schlag, obwohl so viel davon abhängt, ganz apathisch durchführe.
Warum der Ball nicht wie geplant auf das nahe Fairway, sondern schnurgerade in Richtung zur Fahne fliegt, ist mir absolut schleierhaft.

Fünfzig Meter.

Aus dieser Lage.
Mit dem Pitching Wedge!

Wie Schuppen von den Augen fällt mir plötzlich wieder ein, wie sich Gäste an der Hotelbar über die tollen Golfplätze und die abwechslungsreichen Spielbahnen unterhalten haben und von Golf, diesem faszinierenden Sport schwärmten.

Faszinierend?
Von wegen!

Demütigend.
Nervenaufreibend.
Herzinfarktgefährdend.
Schlaflose Nächte bereitend.
Fluchend.
Schweißtreibend.
Beschissen fühlend.
Niederlagen eingestehend.

Das ist Golf!

Nicht mehr und nicht weniger.

Die wenigen Freuden und Hochs zählen gleich null im Verhältnis zu den Dauertiefs.

Wie soll ich es schaffen, mit vier Schlägen im hundert Meter entfernten Loch einzulochen?

Ausgerechnet ich?

Die Aussichtslosigkeit meiner Lage ist mir jetzt voll bewußt und ich mache mich mit dem Gedanken vertraut, die Platzreifeprüfung heute nicht zu bestehen.

Ich hatte die Chance.
Aber ich kann sie nicht nutzen, weil mein Können einfach nicht ausreicht.

Das einzig Positive ist, daß mir der Platz jetzt nicht mehr fremd ist und ich beim nächsten Mal vielleicht mehr Erfolg haben werde.

„Für mich war es eine Lehr- und Trainerstunde".
So könnte ich es erklären, sollte ich danach gefragt werden.

„So eine Blamage"!
Der Gedanke läßt mich nicht mehr los.

Noch 100 Meter bis zur Fahne.
Rechts vom Grün lauert der Bunker.

Mit vier Schlägen ins Loch?

Dann muß ein Wunder geschehen.
Und daran glaube ich nicht.

Die ausweglose Situation stimmt mich wieder gelassener, mein Puls beruhigt sich.

Schlag Nummer 47.

Die Rückmeldung des Probeschwungs ist gut, die Anspannung seltsamerweise wie weggeblasen.

„Bleib ruhig, schau auf den Ball, schlage ohne Kraft, strecke die Knie nicht durch, führe den Rückschwung auf einer gedachten Linie durch", versucht mich mein Inneres zu beeinflussen.

Es gelingt.

Mit dem Wissen, daß meine Chance für das Bestehen der Prüfung inzwischen am Nullpunkt angelangt ist, leite ich den Rückschwung ein.

Treffer.
Der Ball fliegt in Richtung Grün.

Weit.
Fast hundert Meter.

„Lieber Himmel, nein".
„Nicht jetzt".

„Nicht in den BUNKER"!

Doch!

„Verdammt nochmal", rufe ich laut.

So ein guter Schlag.
Und jetzt das.

Ist das die Belohnung dafür?

Ich bin fix und fertig.

„Sch... Golf", denke ich.
Ich lerne es wohl nie.
Ich hör wieder auf.

Golf, Sport?

Daß ich nicht lache.
Ärger und Frust pur!

Schlag Nummer 48.

Mit dem ersten auf das Grün und zwei Putts?
Theoretisch möglich.

Praktisch?
Wo ich Bunkerschläge nicht kann.
Unmöglich.

Der Ball liegt einen Meter vom Bunkerrand entfernt.

Ansprechhaltung.
Mit vollem Schwung treffe ich den Ball.
Sand und Ball fliegen am steilen Bunkerhang hoch.

Der Ball?
Wieder zurück!

Er liegt jetzt direkt am Rand des Bunkers.
Noch schwerer zu spielen.
Genau richtig für mich.

Schlag Nummer 49.

Voller Schwung.
Volle Power.

Voll daneben!
Das Eisen steckt im Sand.

Schlag Nummer 50.

Der letzte Versuch.

Hoffen auf ein Wunder!

Nochmal volle Power.

Treffer.
Sand und Ball fliegen am steilen Bunkerhang hoch.

Der Ball?
Wieder zurück!
PLATZREIFE … Ade!
Bis zum nächsten Mal.

Beim 51. Schlag bekommt der Ball meinen ganzen aufgestauten Frust über diesen angeblich faszinierenden Sport zu spüren und ... fliegt sandstaubend aus dem Bunker.

Auf das Grün!
„Jetzt, wo es um nichts mehr geht".
Warum nicht vorher?
Das wär´s gewesen.

„Wenn du nicht mehr als 54 Schläge brauchst, also mit einem der nächsten drei Schläge einlochst, hast du die eingeschränkte Platzreife geschafft" klärt mich Peter auf.
„Dann darfst du alleine auf den Kurzplätzen ´Jagl´ und ´Pfeiffer´ spielen."

Schlag Nummer 52.

Zwei Meter bis zum Loch.
Das Grün fällt leicht ab.

Mit zitternder Hand bewege ich den Putter.
Ganz leicht berühre ich den Ball.
Zu leicht.
Auf halbem Weg bleibt er stehen.

Ich bin total fertig, am liebsten würde ich sofort aufhören. Mein einziger Wunsch ist, diese Runde möglichst schnell zu beenden.

Schlag Nummer 53.

Ein Meter bis zum Loch.

Sanft schiebe ich den Ball an.
Von wegen sanft.
Viel zu fest. Er läuft am Loch vorbei und bleibt einen halben Meter daneben liegen.

Schlag Nummer 54.

Pulsschlag?
Gefühlt doppelt so hoch.

Meine letzte Chance.
„Himmel, steh mir bei".
„Wenigstens die eingeschränkte Platzreife".

Mein Atem geht schwer.
Dreißig Zentimeter vor dem Loch.
Meine Anspannung erreicht den Höhepunkt.

Und das soll Sport sein?

Das Kniezittern ist auch wieder da.

Ein leichter Putt.

„Klack, klack"!
Im Loch.

„Gratuliere zur eingeschränkten Platzreife!"

„Danke"!

Peters Worte nehme ich wirkungslos zur Kenntnis.

17. PE, die Erste - Tage danach

An diesem Abend bin ich ziemlich frustriert.

Mit vorgetäuschtem Stolz berichte ich Petr, daß ich die eingeschränkte Platzreife geschafft habe.

Die Glückwünsche von Stammgästen an der Hotelbar, überwiegend Golfer, die von Petr über mein Vorhaben informiert waren und unser Gespräch mitverfolgen, nehme ich mit gespielt strahlendem Gesichtsausdruck entgegen.

Wie es in meinem Innersten aussieht?
Dem Himmel sei Dank, es merkt niemand.

Enttäuscht. Leer.

Am nächsten Tag lasse ich den Platzreifeversuch in Gedanken noch einmal Revue passieren und komme zu der Einsicht, daß mein Können für das Bestehen der Prüfung einfach nicht ausgereicht hat.

Also, was ist die logische Folgerung?
Üben, üben, üben.

Ausserdem, es ist ja nur ein Sport.
Und die Welt dreht sich auch weiter.
Ob mit oder ohne Platzreife.

Einsicht ist der erste Weg zur Besserung.
Weiter üben der zweite Weg.

Driving Range, Hackerwiese und Putting Greens sind wieder meine bevorzugten Aufenthaltsorte. Manchmal kommt es mir vor, als würden mir die Ballmaschinen beim Füttern freundlich zuzwinkern, so als wollten sie sagen: „Danke, weiter so."

Ganz intensiv übe ich jetzt das Putten.
Und vor allem das kurze Spiel.

Und ... die Bunkerschläge!

Immer wieder schaue ich voller Bewunderung den Golf-Pros zu wie sie sich bewegen, die Bälle spielen.

Sieht so einfach aus.
So gut.
Wenn man es kann!

Na ja, vielleicht in ein paar Jahren?

Ich verbringe viel Zeit mit dem Training.
Es vergeht eine Woche.
Und noch eine Woche.
Und nochmal eine.

Als Lohn für meine vielen Übungsstunden verbessern sich sowohl Ballgefühl als auch die Trefferquote ganz entscheidend.

Inzwischen weiß ich, ohne im Lehrbuch nachlesen zu müssen, wie der Ball anzusprechen ist und welche Eisen zu spielen sind. Vor Bunkerschlägen habe ich keine Angst mehr und Pitchen und Chippen macht mir richtig Spass.

Mit dem Gefühl, nun so weit zu sein, die Platzreifeprüfung beim zweiten Versuch zu bestehen, suche ich Peter im Golfshop auf und frage ihn, ob er mich wieder als Prüfer begleiten mag.

Er sagt mir für nächste Woche Donnerstag zu.

18. PE, die Zweite

Nach dem mißglückten ersten Versuch, die Platzreifeprüfung zu bestehen, haben sich die darauf folgenden vielen Stunden des Übens nach dem Motto "Übung macht den Meister" bezahlt gemacht.

Aufgrund des intensiven Trainings war ich mir ziemlich sicher, kein zweites Mal „Himmel und Hölle" erleben zu müssen, was mir letztendlich mit 42 Schlägen auch gelungen ist. Die Vorgabe für die Platzreifeprüfung hatte ich damit erfüllt und mein Ziel erreicht:

DURFTE AUF ALLEN PLÄTZEN SPIELEN
WAR GLÜCKLICH
WAR STOLZ

Heute, nach zehn Jahren habe ich HCP 22.

Mein persönliches Handicap ist, daß meine Beweglichkeit nach drei Knieoperationen etwas eingeschränkt ist.

Daß ich mein HCP noch verbessern kann glaube ich eher nicht, erscheint mir aber auch nicht so wichtig. Hauptsache, ich kann die Faszination, die GOLF bietet, noch viele Jahre genießen.

In diesem Sinne

EIN SCHÖNES SPIEL

im August 2010

Dieses Buch ist all denen gewidmet, die mir geholfen haben, GOLF zu lernen.

Mein Freund Petr hat es nach jahrelang erfolglosen Versuchen doch noch geschafft, mich von GOLF zu überzeugen.
Danke Petr !

Mein besonderer Dank gilt Herrn
Alois Hartl
auf dessen Initiative in Bad Griesbach/Ndb. „EIN SCHöNES SPIEL" möglich wurde.

INHALT

1. Stil und Länge 5
2. Das Wunder von Bad Griesbach 10
3. Driving Range und Schuhe 12
4. Im Golfshop und die Folgen 16
5. Eisen und Trainer 19
6. Anfang und Fehler 21
7. Lesung im Bunker und Entscheidung 24
8. PE, die Erste - Loch 1 26
9. PE, die Erste - Loch 2 32
10. PE, die Erste - Loch 3 39
11. PE, die Erste - Loch 4 42
12. PE, die Erste - Loch 5 47
13. PE, die Erste - Loch 6 53
14. PE, die Erste - Loch 7 57
15. PE, die Erste - Loch 8 60
16. PE, die Erste - Loch 9 65
17. PE, die Erste - Tage danach 73
18. PE, die Zweite 75
19. Widmung 77